32491   19,75 €

D1670882

LA
WICCA
POUR DÉBUTANTS

LA WICCA
POUR DÉBUTANTS

FONDEMENTS PHILOSOPHIQUES ET PRATIQUES

THEA SABIN

TRADUIT DE L'ANGLAIS PAR
LISE-ANNE BOULAY
ET ANNIE J. OLLIVIER

AdA
éditions

Copyright © 2006 Thea Sabin
Titre original anglais : Wicca for Beginners :Fundamentals of Philosophy & Practice
Copyright © 2012 Éditions AdA Inc. pour la traduction française
Cette publication est publiée en accord avec Llewellyn Publications, Woodbury, MN, www.llewellyn.com

Tous droits réservés. Aucune partie de ce livre ne peut être reproduite sous quelque forme que ce soit sans la permission écrite
de l'éditeur, sauf dans le cas d'une critique littéraire.

Éditeur : François Doucet
Traduction : Lise-Anne Boulay et Annie J. Ollivier
Révision linguistique : Féminin pluriel
Correction d'épreuves : Nancy Coulombe, Éliane Boucher, Carine Paranis
Conception de la couverture : Paulo Salgueiro
Photo de la couverture : © Thinkstock
Mise en pages : Paulo Salgueiro
ISBN papier 978-2-89667-635-4
ISBN PDF numérique 978-2-89683-521-8
ISBN ePub 978-2-89683-522-5
Première impression : 2012
Dépôt légal : 2012
Bibliothèque et Archives nationales du Québec
Bibliothèque Nationale du Canada

Éditions AdA Inc.
1385, boul. Lionel-Boulet
Varennes, Québec, Canada, J3X 1P7
Téléphone : 450-929-0296
Télécopieur : 450-929-0220
www.ada-inc.com
info@ada-inc.com

Diffusion
Canada :   Éditions AdA Inc.
France :   D.G. Diffusion
                Z.I. des Bogues
                31750 Escalquens — France
                Téléphone : 05.61.00.09.99
Suisse :   Transat — 23.42.77.40
Belgique :   D.G. Diffusion — 05.61.00.09.99

Imprimé au Canada

Participation de la SODEC. $ODEC
Nous reconnaissons l'aide financière du gouvernement du Canada par l'entremise du Programme d'aide au
développement de l'industrie de l'édition (PADIÉ) pour nos activités d'édition.
Gouvernement du Québec — Programme de crédit d'impôt pour l'édition de livres — Gestion SODEC.

Catalogage avant publication de Bibliothèque et Archives nationales du Québec et Bibliothèque et Archives Canada

Sabin, Thea, 1967-
          La Wicca pour débutants : fondements philosophiques et pratiques
          Traduction de : Wicca for beginners.
          ISBN 978-2-89667-635-4
          1. Wicca . I. Titre.
BP605.W53S2214 2012   299'.94   C2012-940858-1

TABLE DES MATIÈRES

REMERCIEMENTS

J'aimerais remercier ma grand-mère, qui a toujours su que j'écrirais un livre ; elle avait bien sûr raison. Ma grand-mère croyait qu'avec la pensée positive, on peut accomplir n'importe quoi ; que le pain maison et la confiture aux fraises figurent parmi les plus grands délices de la vie ; que l'astrologie permet de trouver les aspects de notre plein potentiel ; qu'il est permis de tricher un peu quand on joue au solitaire ; que les fées et Harvey le lapin ont emporté ses lunettes et un gâteau au chocolat ; et qu'il n'y a rien de mal à épouvanter les petites filles en leur lisant des histoires d'araignées géantes dans le noir, tout en créant des ombres terrifiantes sur son visage avec une lampe de poche sous le menton.

J'aimerais remercier quelques-uns des autres mystiques et chamans qui nous ont profondément influencées, moi et ma voie spirituelle : Shekinah, Otto, Eran, Akasha, Dot, Helga, Mary, Pajaro, Abuela M., Sylvana, Melanie Fire Salamander, Bestia, Star, Tom, Alicia et Grace. Que vous le sachiez ou non, chacun d'entre vous m'a laissé un cadeau unique. Je vous en remercie du fond du cœur.

J'aimerais remercier mes cobayes — pardon, je voulais dire les membres de mon cercle —, qui m'en apprennent bien plus que je peux leur en apprendre.

J'aimerais remercier Pam, pour l'inspiration qu'elle suscite en moi, pour les jeans taille basse, les rituels vaudou et les *drag queens* édentés. Tout le monde devrait avoir une amie comme toi.

Et j'aimerais particulièrement remercier mon mari, à la fois scientifique, garçon zen et prêtre, qui consacre sa vie à étudier l'art d'être rationnellement irrationnel et à découvrir les aspects spirituels de notre vie matérielle. Il a été à mes côtés tout au long de la rédaction de ce livre et il continue de m'aimer, malgré tout. Pour cette seule raison, il mériterait d'être proclamé saint wiccan, mais malheureusement, il n'y a pas de saints dans la Wicca . Je t'aime, mon chéri. Coupe du bois, porte de l'eau.

1

QU'EST-CE QUE
LA WICCA ?

Récemment, mon mari et moi sommes allés dans un café pour rencontrer un homme qui souhaitait se joindre à notre groupe d'étude wiccane. Comme beaucoup de wiccans qui dirigent des groupes, lorsque nous rencontrons une nouvelle personne en quête de sa voie spirituelle, nous planifions toujours un premier rendez-vous dans un lieu public, pour la sécurité et le bien-être de chacun. En prenant le thé, nous avons demandé à cet homme pourquoi il souhaitait suivre une formation wiccane. Nous posons toujours cette question aux gens intéressés par notre formation. S'ils nous répondent qu'ils cherchent une religion centrée sur la nature, une voie qui leur permettra de prendre leur destinée en main, un moyen de vivre en communion avec le divin ou quelque chose de cet ordre, nous poursuivons la conversation. S'ils nous disent qu'ils veulent jeter un mauvais sort sur leur ancien amoureux, brasser des mixtures toxiques dans un chaudron bouillant, rendre une per-sonne amoureuse d'eux, vénérer le diable ou voler sur des manches à balai, nous leur répondons que nous ne pouvons pas les aider et leur suggérons poliment de consulter un thérapeute.

Lorsque nous avons posé la question à cet homme, il nous a expliqué qu'il avait fouillé dans Internet et dans les livres pour trouver des renseignements sur la Wicca , qu'il avait assisté à des rituels wiccans ouverts à tous et visité des librairies ésotériques, mais qu'il y avait tellement d'information sur le sujet qu'il lui était impossible de distinguer ce qui était proprement wiccan de ce qui ne l'était pas. Il n'arrivait pas non plus à déterminer les éléments spirituels de la Wicca .— Je suis sûr que la religion wiccane existe et qu'elle se cache quelque part, nous a-t-il dit. Il avait donc décidé de chercher un enseignant pour l'aider à faire le point.

Je comprenais sa confusion sans aucun mal. En effet, ces dernières années, la Wicca et la magie ont littéralement envahi la scène culturelle populaire américaine. Nous connaissions déjà *Ma sorcière bien-aimée* depuis un bon moment, mais *Sabrina, l'apprentie sorcière*, les films d'Harry Potter, *Le seigneur des anneaux*, *Charmed* et *Buffy contre les vampires* ont soulevé une nouvelle vague d'intérêt pour la quête spirituelle, et ce, même si la plupart de ces films et séries ont très peu à voir avec la véritable pratique de la Wicca . Le phénomène a pris une telle ampleur qu'une expression a même été créée pour désigner les adolescents et les jeunes dans la vingtaine qui manifestent un intérêt pour la Wicca en réponse à l'engouement médiatique pour la magie : « *generation hex*[1] ». Dans les librairies, on trouve plus de livres sur la Wicca que jamais auparavant et dans Internet, plus de 6 000 sites s'intéressent à la Wicca . Il existe maintenant des émissions de radio wiccanes, des organisations-cadres wiccanes et des églises wiccanes reconnues par l'État. Il existe même une Barbie *Charmes secrets*, qui vient avec tout son arsenal : costume flamboyant, chaudron et poudre magique. Bon, d'accord, dans les faits, elle n'est pas une wiccane, mais elle ne fait qu'ajouter à la confusion.

Avec tout cet engouement, on pourrait croire que la Wicca et la magie se sont intégrées à notre vie de tous les jours. Or, qu'on s'en réjouisse ou non, ce n'est pas le cas. Le battage médiatique autour de la Wicca a eu pour seul effet d'ajouter aux conceptions erronées,

---

1. N.d.T. : Génération sortilèges.

troublantes et contradictoires déjà véhiculées sur le sujet. S'il est vrai que le mot « wiccan » est probablement beaucoup plus connu qu'avant, il reste que l'image des wiccans diffusée par la culture populaire n'est ni cohérente ni exacte. Certains diront que, grâce au cinéma et aux émissions diffusées pendant les heures de grande écoute, le blason des wiccans a été redoré : en effet, on ne perçoit plus la femme wiccane comme une vieille sorcière au teint verdâtre et au chapeau pointu, mais plutôt comme une femme séduisante, légèrement vêtue et exhibant un anneau dans son nombril, et qui utilise ses « pouvoirs » pour aider les autres. Pourtant, cette nouvelle perception ne se rapproche pas davantage de la réalité (à commencer par le fait qu'il y a beaucoup d'hommes wiccans) et elle ne constitue en rien une amélioration de l'image du wiccan.

Les wiccans eux-mêmes s'y perdent parfois, lorsqu'ils veulent définir ce qu'est exactement la Wicca . Au sein de la communauté wiccane, il y a d'innombrables discussions (de grands débats, en fait) pour tenter de définir ce qui fait qu'une personne est un wiccan ou non. Je n'ai pas l'intention d'alimenter ce débat ici. Avec ce livre, je souhaite plutôt vous donner quelques notions de base sur la Wicca ; vous pourrez ensuite décider ce qu'elle représente pour vous.

Voici quelques définitions qui s'appliqueront au présent livre.

- Un wiccan (ou une wiccane) est un homme (ou une femme) qui suit la religion ou la voie spirituelle wiccane et qui a reçu une initiation wiccane ou s'est solennellement déclaré wiccan (ou wiccane) par un rituel.

- Certains wiccans emploient les termes « wiccan » et « sorcier » de façon interchangeable ; toutefois, certains sorciers ne se considèrent pas comme des wiccans. Les wiccans sont un sous-groupe de sorciers.

- Les wiccans et les sorciers sont deux sous-groupes d'un groupe plus grand : les païens. Les païens sont les adeptes d'une religion qui entretient un lien direct avec la terre.

La majorité des wiccans et des sorciers se considèrent comme des païens, mais tous les païens ne sont pas des wiccans ou des sorciers. Les chrétiens définissent parfois le païen comme toute personne non chrétienne, non musulmane et non juive, mais ce n'est pas la définition qui sera utilisée ici.

• Dans ce livre, lorsque j'utilise le mot « sorcellerie », je fais référence à ce que pratiquent les wiccans et les sorciers, c'est-à-dire aux rituels religieux et aux pratiques magiques. Lorsque j'utilise le mot « Wicca », je fais référence à la religion en tant que telle.

Alors, en quoi consiste vraiment la Wicca ? Il existe une multitude de réponses à cette question. En voici quelques-unes parmi les plus communément acceptées.

LA WICCA EST UNE « NOUVELLE VIEILLE » RELIGION

La Wicca est une nouvelle religion qui combine certaines traditions populaires et des éléments plus modernes. Elle s'inspire un peu des rites et rituels païens qui ont été pratiqués pendant des siècles, en Europe occidentale — avant, pendant et après l'existence de Jésus —, comme la vénération de la nature, l'observation du cycle des saisons, la célébration des récoltes et la pratique de la magie. La Wicca perpétue en partie la structure de ces anciens rites, mais la majorité de la structure de la religion et de ses pratiques est beaucoup plus récente. Une partie de ses fondements proviennent de grimoires médiévaux (livres de magie), de sociétés secrètes comme l'Aube dorée et de techniques inventées par les wiccans d'aujourd'hui pour répondre à leurs besoins ou à une situation particulière. La Wicca est une religion vivante qui évolue sans cesse.

Même si la Wicca diffère des diverses formes de sorcellerie évoquées dans la plupart des livres d'histoire, leurs récits sont entremêlés. La sorcellerie a probablement toujours existé sous une forme ou une autre depuis le début de l'humanité. Elle est mentionnée dans la littérature classique, notamment dans les récits consacrés à Médée et Circé, mais aussi, évidemment, dans les premiers documents produits par l'Église chrétienne. Parmi les documents les plus anciens et les plus célèbres rédigés par l'Église sur la sorcellerie, on retrouve le canon *Episcopi*, qui eut une influence colossale et durable sur la façon dont les chrétiens percevaient la sorcellerie et le paganisme. Ce document est entré dans le droit canonique au XIIe siècle, mais certains pensent qu'il serait en fait beaucoup plus ancien (son origine pourrait dater de l'an 906). Le canon préconisait essentiellement que la sorcellerie était une illusion issue des rêves et que croire en la sorcellerie constituait une hérésie, et qu'elle était contraire aux enseignements de l'Église. Voici un passage célèbre du canon :

> Quelques femmes scélérates, perverties par le Diable, séduites par les illusions et les fantasmes des démons, croient et soutiennent chevaucher des animaux de nuit en compagnie de Diane, la déesse des païens, et d'une foule innombrable de femmes, et dans le silence de la nuit profonde, parcourent de larges étendues de territoire, obéissant à ses ordres comme à leur maîtresse [...] mais ce serait bien si elles seules périssaient dans leur infidélité et n'attiraient pas autant d'autres avec elles dans le puits de leur trahison. Car une multitude innombrable, trompée par cette fausse opinion, croit que cela est vrai et, le croyant, quitte la vraie foi et tombe dans l'erreur païenne en pensant qu'il existe d'autres dieux ou divinités en dehors du Dieu unique[2].

On continua de considérer la sorcellerie et le paganisme comme une hérésie jusqu'au règne du pape Innocent VIII, qui émit le *Summis desiderantes affectibus*, une bulle pontificale qui supplanta le canon en statuant que la sorcellerie existait vraiment et que sa pratique constituait une hérésie. Plusieurs hommes d'Église avaient

---

2. Canon *Episcopi*, traduction libre.

écrit des lettres affichant des positions contraires à ce qui était énoncé dans le canon *Episcopi* avant la publication du *Summis desiderantes affectibus*. Toutefois, la nouvelle bulle remporta un franc succès, car elle parut en 1484, à l'époque de l'invention de la presse à imprimer, et préfaçait le tristement célèbre *Malleus Maleficarum*, manuel à grand tirage sur l'identification, la torture et le procès des sorcières, écrit par les inquisiteurs dominicains Henri Institoris et Jacques Sprenger.

La bulle ouvrit la voie à l'Inquisition, à la chasse aux sorcières en Europe et à l'exécution de milliers de personnes accusées de sorcellerie et d'hérésie. La bulle et le *Malleus* contribuèrent à consolider, à codifier et à propager plusieurs des perceptions qui allaient devenir intimement associées à la sorcellerie médiévale, entre autres l'idée que les sorcières signaient un pacte avec le diable (qu'elles scellaient généralement en lui baisant le derrière, geste qu'aucun wiccan qui se respecte n'oserait accomplir). Évidemment, les conséquences associées à la pratique de la sorcellerie devinrent plus sérieuses qu'elles ne l'avaient jamais été jusque-là, et ce fut le début de la chasse aux sorcières.

Dans le meilleur des cas, les rites préchrétiens étaient considérés comme de la superstition, et dans le pire des cas, comme de la sorcellerie ou un culte satanique. Puisque l'Église avait officiellement reconnu que la sorcellerie était une hérésie, toutes les personnes accusées de s'adonner à des rites païens furent poursuivies. L'époque de la chasse aux sorcières entraîna la disparition de plusieurs traditions païennes préchrétiennes en Europe ; d'autres revêtirent un vernis catholique ou passèrent dans la clandestinité. Même sans la chasse aux sorcières, certaines de ces traditions se seraient perdues ou transformées, car il est presque impossible qu'une tradition se perpétue intégralement pendant des milliers d'années. Malgré tout, quelques éléments de ces pratiques païennes et anciennes façons de faire ont survécu. On peut en observer les vestiges dans certaines traditions actuelles, comme la danse Morris et la danse autour de l'arbre de mai, en Angleterre.

Toute cette histoire mettant en scène la sorcellerie et l'Église n'a rien à voir avec la Wicca . L'Église cherchait à persécuter la « sorcellerie satanique », et si cette dernière a vraiment existé, il s'agissait d'une hérésie chrétienne qui comportait un pacte avec le diable, de la magie noire, des sacrifices humains et autres atrocités. Or, les wiccans ne croient pas à Satan, la Wicca n'est pas une hérésie chrétienne (c'est une religion en soi) et les wiccans considèrent la magie noire et les sacrifices humains aussi odieux que n'importe qui. Toutefois, l'histoire de la sorcellerie satanique a un double impact sur les wiccans. D'une part, l'Église considérait les pratiques païennes préchrétiennes, même les plus bienveillantes d'entre elles qui sont à la base de la Wicca moderne, comme de la sorcellerie satanique. D'autre part, beaucoup de gens continuent à croire que la sorcellerie satanique et le paganisme sont une seule et même chose.

Dans son livre *The Witch-Cult in Western Europe*, écrit en 1921, Margaret Murray émet l'hypothèse que la sorcellerie médiévale n'était pas une hérésie chrétienne, mais plutôt un culte païen organisé qui célébrait la fertilité, et que ce culte s'était perpétué presque intégralement jusqu'au Moyen-Âge. Malgré tout le charme de sa théorie, elle n'avait aucune preuve pour l'étayer. Son livre laisse supposer que les sorcières du Moyen-Âge étaient bien plus organisées qu'elles n'auraient pu l'être en réalité, à une époque où les gens n'avaient ni téléphone, ni automobile, ni Internet, ni même une langue commune à tous (les roturiers parlaient généralement un autre langage que les nobles). Elle prétendait aussi qu'il y avait bien plus de ressemblances entre les différents cercles de sorcières que les historiens ne le croyaient. Au fil des années, la plupart des théories de Murray furent réfutées, et on attribue davantage cette ressemblance entre différents groupes de sorcellerie médiévale aux effets du *Malleus Maleficarum* qu'à la survie intégrale d'un culte païen. En effet, si la majorité des inquisiteurs qui conduisirent et transcrivirent les procès des sorcières utilisaient le même manuel, il était probable qu'ils obtiennent des résultats similaires. Néanmoins, les représentations fantaisistes de Murray sur la sorcellerie eurent un effet considérable sur ce qui allait devenir la Wicca moderne, et plusieurs de ses idées persistent encore de nos jours.

En Angleterre, la dernière loi réprimant la sorcellerie fut abrogée en 1951, ce qui permit à Gerald Brosseau Gardner de publier *Witchcraft Today*, en 1954, et *The Meaning of Witchcraft*, en 1959 — deux ouvrages généraux qui eurent un effet foudroyant sur la religion wiccane. Gardner, un fonctionnaire britannique né à la fin du XIXe siècle, passa plus de la moitié de sa vie à l'étranger et son travail l'amena à vivre à Ceylan, à Bornéo et en Malaisie. Il étudia les cultures étrangères et devint un expert du kriss, un couteau rituel malais. De retour en Angleterre, il chercha d'autres personnes qui s'intéressaient aux enseignements ésotériques et sa quête le conduisit vers un théâtre rosicrucien, dirigé par un groupe appelé la « Confrérie de Crotone ». Le théâtre et la Confrérie n'impressionnèrent guère Gardner, mais il fut intrigué par un petit groupe de participants. Les membres de ce groupe confièrent plus tard à Gardner qu'ils étaient des sorciers et qu'ils l'avaient connu dans une vie antérieure. Gardner prétend que ce fut grâce à ce groupe qu'il fut initié et qu'il devint à son tour sorcier.

Gardner tenait à s'assurer que la Wicca ne tombât pas dans l'oubli. Or, la plupart des wiccans qu'il connaissait étaient assez âgés et, à cette époque, les jeunes n'étaient pas très attirés par la Wicca . Il demanda donc à sa grande prêtresse s'il pouvait écrire un livre sur la sorcellerie, dans le but de raviver l'intérêt du public. D'abord, elle refusa, mais elle finit par l'autoriser à écrire un roman comportant certaines notions de sorcellerie, intitulé *High Magic's Aid*. Par la suite, Gardner quitta son cercle pour créer le sien et il écrivit alors *Witchcraft Today* et *The Meaning of Witchcraft*.

Je dois souligner ici qu'il existait, et qu'il existe toujours, un autre type de sorcellerie moderne, qu'on qualifie généralement de « tradition familiale ». Les traditions familiales se sont transmises de génération en génération, intégralement ou de façon fragmentée, et on prétend que certaines d'entre elles remonteraient à l'époque de la chasse aux sorcières, ou même à une époque antérieure. La plupart des pratiquants de ces traditions ne croient pas que la sorcellerie était un culte païen organisé, comme le prétendait Margaret Murray. D'après eux, la sorcellerie constitue un ensemble de pratiques magiques et de traditions populaires et familiales. La plupart des sorciers de tradition familiale ne se considèrent pas comme des wiccans et, en général, leurs pratiques diffèrent largement de ce que nous considérons être la Wicca américaine. D'ailleurs, lorsque la tradition de Gerald Gardner fit son apparition, les sorciers de tradition familiale se mirent à la qualifier avec mépris de tradition « gardnerienne ». Ils estimaient que la Wicca pratiquée par Gardner était inférieure à la leur parce qu'elle ne reposait pas sur un long passé (ou sur un passé vérifiable, pour être plus juste), et aussi parce que le zèle déployé par Gardner pour que la Wicca ne tombe pas dans l'oubli prenait presque la forme d'une campagne publicitaire. Malgré tout, cette appellation resta et elle perdit sa connotation négative au fil du temps. Il existe encore beaucoup de wiccans gardneriens de nos jours, et la majeure partie de la Wicca pratiquée aujourd'hui est directement issue ou inspirée du travail de Gardner — à commencer par le terme « Wicca », qui n'a pas été inventé par Gardner, mais qui fut grandement popularisé par lui.

Gardner croyait au moins en quelques-unes des théories de Margaret Murray statuant que la sorcellerie était une religion païenne qui s'était perpétuée jusqu'à notre époque (Murray a même rédigé l'introduction de *Witchcraft Today*). Il soutenait que les rituels et les sortilèges que ses professeurs lui avaient enseignés étaient fragmentés, c'est-à-dire que certains éléments avaient été perdus avec le temps, et qu'il avait réassemblé ces différents éléments en allant parfois piocher dans d'autres sources occultes pour combler les manques. Les rituels qu'il a ainsi reconstruits sont encore pratiqués de nos jours par les wiccans de tradition gardnerienne. Que Gardner ait été initié dans une tradition déjà existante ou non, les rituels qu'il a laissés, même s'ils renferment probablement d'anciens éléments de sorcellerie, ne constituent pas une tradition intacte datant d'une époque antérieure à la chasse aux sorcières. (Cela ne l'empêcha pas de le laisser croire à la presse, ce qui amena les sorciers de tradition familiale à le mépriser.) Peu importe la source exacte de ses rituels, il reste que la majorité des traditions wiccanes d'aujourd'hui tirent leur source ou leur inspiration de la Wicca pratiquée par Gardner.

Durant les années 1960 et 1970, la Wicca gardnerienne, la Wicca alexandrienne (une tradition similaire à la Wicca gardnerienne) et d'autres traditions de Wicca et de sorcellerie traversèrent l'Atlantique à partir du Royaume-Uni pour venir s'établir aux États-Unis, où elles trouvèrent un terreau fertile. Les traditions prirent racine et gagnèrent en ampleur, puis plusieurs nouvelles traditions firent leur apparition. Celles-ci étaient dans la lignée directe des traditions britanniques et familiales, ou s'en inspiraient.

Le mouvement féministe des années 1960 et 1970 a aussi marqué l'évolution de la Wicca. Pendant cette période, les femmes américaines prirent conscience de leur pouvoir et commencèrent à l'utiliser, et beaucoup de femmes (et certains hommes) se tournèrent vers la Wicca, car celle-ci honorait la Déesse et l'aspect féminin de la divinité, ce qui venait répondre à un besoin criant. Même si, à l'époque de Gardner, la Wicca honorait le Dieu et la Déesse à parts à peu près égales, pendant cette période, beaucoup de wiccanes commencèrent à accorder davantage d'importance à la Déesse, et quelques-unes cessèrent même complètement de vénérer le Dieu. D'autres femmes encore créèrent des groupes de Wicca « dianique », en l'honneur de la déesse Diane, lesquels étaient uniquement (ou majoritairement, dans certains cas) constitués de femmes.

Le mouvement féministe, de même qu'une bonne part d'ingéniosité, donnèrent naissance à la Wicca éclectique, laquelle devint particulièrement populaire aux États-Unis au cours des années 1970 et 1980. Il s'agit probablement du sous-groupe wiccan le plus important aujourd'hui. Les wiccans éclectiques inventent leurs propres rituels et pratiques en s'inspirant de diverses sources. Une de mes amies, une éclectique, compare la Wicca éclectique à un supermarché où elle choisit uniquement ce dont elle a besoin, ce qu'elle aime ou ce qui pourrait lui être utile. Ainsi, la pratique des wiccans éclectiques est adaptée à leurs propres besoins et croyances. C'est grâce à la popularité dont jouit la Wicca éclectique que la Wicca est véritablement devenue une « nouvelle vieille » religion.

La Wicca est une religion en relation directe avec la terre

La voie de la Wicca est axée sur la terre plutôt que sur les cieux. Dans beaucoup de religions pratiquées sur notre planète, les fidèles accordent beaucoup d'importance à ce qu'il adviendra d'eux après leur mort, tandis que les wiccans se donnent pour règle de participer au cycle de la vie, ici et maintenant. Comme le dit si bien un de mes professeurs, les wiccans ne cherchent pas à « sortir de la roue ». Par « roue », elle entend la « roue de l'année », une expression que les wiccans utilisent pour décrire le cycle des saisons, qui comporte huit grandes fêtes wiccanes, appelées « sabbats ». Les wiccans croient contribuer activement au mouvement de la roue — dans la nature, surtout —, tandis que les fidèles de certaines autres religions tenteraient plutôt de le transcender. Les wiccans célèbrent tout ce que la nature, la terre et le corps physique ont à nous offrir : l'expérience de la vie, de l'amour, du sexe et même de la mort.

Une grande partie du symbolisme utilisé dans la religion wiccane évoque la nature et la terre. Les wiccans font appel aux quatre éléments de la nature : la terre, l'air, l'eau et le feu. Le soleil symbolise leur dieu, tandis que la lune symbolise leur déesse. Tous les printemps, ils célèbrent l'éveil de la terre, et chaque hiver, son endormissement. Plus important encore, ils s'efforcent de vivre en harmonie avec la nature et ses variations et de laisser le moins de traces possible sur la Terre mère. Beaucoup de wiccans s'engagent dans la défense de l'environnement ou deviennent végétariens pour témoigner du respect qu'ils portent à la terre. Mais vous ne vous ferez pas expulser du club des wiccans parce que vous avez omis de célébrer la journée de la Terre ou parce que vous avez mangé un hamburger pour le lunch.

LA WICCA EST FONDÉE SUR L'EXPÉRIENCE

La Wicca est une religion expérientielle, c'est-à-dire que les effets de la Wicca sur la vie d'un individu dépendront essentiellement de ses expériences. La Wicca n'est pas organisée autour d'une Église et elle ne comporte aucun livre comme la Bible, la Torah ou le Coran pour dicter ses croyances, ses règles et ses enseignements. L'apprentissage de la Wicca se fait par l'expérience. Votre vécu vous permettra de définir votre vérité, vos croyances et ce qui est bon pour vous. Quand on emprunte cette voie, on devient un peu comme un chercheur : on mène ses propres expériences et on rajuste ses croyances en fonction des résultats obtenus.

Lorsque vous vivez une expérience, celle-ci vous appartient. Elle fait partie de vous. Vous la saisissez à un niveau qui ne pourrait pas être atteint simplement en lisant sur le sujet. Prenez le saut en parachute, par exemple. Vous pouvez imaginer ce que vous ressentiriez si vous sautiez d'un avion — la sensation du vent fouettant votre corps, la vue du sol qui se rapproche à vive allure —, mais tant que vous ne l'aurez pas essayé, vous ne saurez pas ce que c'est exactement. Le saut en parachute ne fera pas partie du répertoire de vos expériences personnelles. C'est la même chose avec la religion wiccane. Tant que vous n'aurez pas accompli un rituel wiccan ou effectué un sortilège, vous ne disposez d'aucun cadre de référence. Vous pouvez lire des livres comme celui-ci et imaginer ce que cela doit être, mais vous ne serez pas un wiccan tant que vous n'aurez rien fait de wiccan. Dans notre religion, les actions ont réellement plus de poids et de pouvoir que les paroles.

Doit-on en déduire que les wiccans n'ont jamais recours aux livres? Bien au contraire! Beaucoup de wiccans tiennent un « livre des ombres », lequel regroupe une foule de sortilèges et de rituels, et je connais certains wiccans qui attendent impatiemment leur jour de paye pour se ruer sur les derniers livres traitant de Wicca plutôt que d'en profiter pour acheter des provisions. Mais les livres sur la Wicca ne vous diront jamais quoi penser ou croire, ni comment vous comporter. Ils représentent une source d'inspiration et fournissent une structure pour mener ses propres expérimentations de la religion.

LA WICCA EST UNE TRADITION DU MYSTÈRE

Certaines expériences spirituelles sont presque impossibles à formuler verbalement. Beaucoup d'entre elles touchent à des thèmes fondamentaux, comme la mort, l'amour, le divin et la naissance — des sujets inhérents à notre existence humaine, mais faisant en même temps partie d'un autre monde. Si vous avez déjà vécu un moment de transcendance durant lequel vous saviez tout simplement que la déité existe vraiment, ou durant lequel vous vous êtes senti particulièrement relié à la nature ou au cosmos, comme si chaque petite parcelle de votre corps en faisait partie, alors vous avez probablement été en contact avec les mystères de la vie. Les religions du mystère créent un climat ou un lieu propice qui permet aux adeptes de faire l'expérience immédiate du divin. Ce sont des voies qui enseignent que certaines choses dépassent la portée de nos cinq sens, mais qu'elles font partie intégrante de nous-mêmes. Nous pouvons même établir un contact direct avec elles, quoique la méthode différera pour chacun de nous.

Chaque religion comporte ses propres mystères ou révélations. Certains des mystères wiccans — par exemple, l'interaction entre le Dieu et la Déesse — sont évoqués dans nos rites de sabbats. Lors de ces rites, nous mimons ce qui se produit du point de vue cosmique, que ce soit le changement de saison, l'union du Dieu et de la Déesse, ou n'importe quel autre des nombreux mystères wiccans, et ce faisant, nous sommes en parfaite harmonie avec les dieux. Les mystères d'Éleusis en sont un excellent exemple, même s'ils n'ont aucun lien avec la Wicca. Il s'agit d'anciens rites qui furent pratiqués pendant des milliers d'années à Éleusis, en Grèce, en l'honneur de Déméter et de Perséphone. À une certaine période de l'année, beaucoup de Grecs entreprenaient un pèlerinage à Éleusis pour se purifier dans la mer et participer à des rituels, qui comportaient des révélations et des enseignements secrets, de même que des pratiques visant à déclencher des expériences mystiques. Ceux qui avaient « vu » et vécu les mystères rituels ne devaient absolument pas les révéler aux autres, et ce, pour plusieurs raisons. Tout d'abord, l'expérience de chacun étant unique, décrire les rites à quelqu'un qui n'en avait pas fait l'expérience risquait d'altérer et peut-être même de compromettre sa propre expérience. Par ailleurs, en gardant les rites secrets, on préservait leur caractère sacré. Ainsi, ils demeuraient dissociés du quotidien, ce qui permettait de conserver toute leur puissance pour les générations à venir. Puisque la révélation des mystères était sévèrement punie, il semble que cette menace ait atteint son but, car de nos jours, personne ne sait vraiment en quoi consistaient exactement ces rituels. Le secret s'est éteint avec les participants.

Certains mystères wiccans se révèlent pendant la méditation ou par l'interprétation des rêves. Dans d'autres cas, le wiccan qui suit sa voie depuis un bon moment aura une révélation subite et d'importants principes prendront soudain tout leur sens. Comme je l'ai mentionné, l'expérience diffère pour chacun. Mais comme la Wicca s'appuie sur les cycles de la nature et qu'elle accorde beaucoup d'importance à la méditation et aux habiletés psychiques, elle donne d'innombrables occasions d'accéder aux mystères divins et cosmiques.

LA WICCA EST UNE FORME DE CHAMANISME EUROPÉEN

Une des meilleures comparaisons qu'il m'a été donné d'entendre pour décrire la Wicca est qu'il s'agit d'une forme de chamanisme européen. En Amérique du Nord, nous sommes habitués d'entendre des récits mettant en scène des chamans amérindiens qui pratiquent la magie et la guérison pour leur tribu. Or, il se trouve que les gens de descendance européenne ont aussi leur propre tradition chamanique : la sorcellerie. L'historien Mircea Eliade, dans son ouvrage incontournable *Le chamanisme et les techniques archaïques de l'extase*, paru en 1964, définit le chaman comme une personne qui entre dans un état modifié de conscience pour entreprendre un voyage spirituel et obtenir de l'information, guérir, pratiquer de la magie, prédire le futur ou communier avec les morts. Un chaman est bien plus qu'un docteur ou un magicien, bien qu'il soit généralement ces deux choses aussi. Un chaman peut également être prêtre, mystique et psychopompe (une personne qui peut aller et venir entre le monde des vivants et celui des morts).

Partout dans le monde, de multiples cultures font référence, sous une forme ou sous une autre, à la notion d'Arbre Monde. L'Arbre Monde est un symbole qui rappelle le lien unissant les sphères spirituelles et la terre. Les racines de l'arbre plongent dans le monde souterrain, le tronc représente le monde matériel des humains et les branches et les feuilles évoquent les cieux, ou sphères célestes. L'arbre peut être réel ou être utilisé au sens métaphorique. Lorsqu'il accomplit son travail pour la tribu ou pour son groupe, le chaman voyage le long de l'axe vertical de l'Arbre Monde, et entre les sphères spirituelles et terrestres. Les chamans utilisent de multiples techniques pour « voyager » le long de l'Arbre Monde, y compris la transe, le changement de forme et la magie.

Selon Eliade, une personne peut naître chaman, ou le devenir soit en traversant une crise chamanique, soit en participant à une cérémonie initiatique. Dans beaucoup de cultures, on considérait que les enfants qui affichaient des traits particuliers à la naissance — une coiffe ou une tache de naissance, certains handicaps ou des habiletés hors du commun — étaient susceptibles de devenir chamans. En effet, on considérait que si une personne se distinguait suffisamment du reste du groupe ou de la tribu par un attribut physique particulier, elle serait alors naturellement portée à voir et à vivre des expériences inaccessibles aux autres, et donc, elle serait mieux préparée pour voyager entre les mondes. C'est assez logique. En effet, un aveugle perçoit son environnement différemment d'une personne qui peut voir, et la perception du monde par une personne en fauteuil roulant diffère de celle d'une personne qui peut marcher.

Une personne peut devenir chaman en traversant une crise chamanique, c'est-à-dire un événement traumatique si puissant qu'il changera sa vie à jamais. Une crise chamanique peut survenir naturellement, par exemple, au cours d'une maladie grave ou d'une expérience de mort imminente. Elle peut aussi être induite au moyen d'une cérémonie ou d'une épreuve initiatique.

La Wicca regroupe un grand nombre de ces principes. On enseigne aux wiccans à vivre en harmonie avec leurs habiletés psychiques. On prétend que le cercle magique, l'espace sacré des wiccans, se situe entre les mondes, et que les wiccans « voyagent » entre les mondes pour rencontrer les dieux, obtenir de l'information et pratiquer la guérison. Souvent, les wiccans entrent dans un état d'extase ou de transe pour pratiquer la magie ou communier avec le Divin. Beaucoup de wiccans sont des gens ayant vécu des expériences marquantes et transformatrices qui les ont dirigés vers la voie wiccane, et souvent, les groupes wiccans initient les nouveaux membres en pratiquant une cérémonie symbolisant leur mort et leur renaissance, dans le but de provoquer une mini-crise chamanique et de changer la perspective de l'initié.

La pratique d'une cérémonie célébrant la mort et la renaissance peut sembler un peu effrayante et, en toute sincérité, elle l'est parfois, mais elle n'a absolument rien de négatif, d'obscur ou de néfaste. Son but est de nous forcer à surmonter nos peurs, à nous réapproprier notre pouvoir et à prendre en main notre développement spirituel; or, ces changements sont difficiles à amorcer lorsque rien dans notre vie ne nous pousse à le faire.

LA WICCA EST UN SYSTÈME MAGIQUE

Enfin, la Wicca est un système magique. La magie peut prendre des formes multiples. Il y a d'abord la magie de tous les jours, qui consiste à opérer des charmes pour dénicher un nouvel emploi ou protéger sa maison, par exemple. Les wiccans utilisent constamment ce genre de magie. Mais il existe aussi une forme de magie utilisée pour faire surgir ses pouvoirs personnels et divins. Il s'agit essentiellement de recourir à sa volonté pour découvrir sa mission personnelle et s'aligner avec son Moi supérieur. Nous verrons plus en détail en quoi consistent la volonté au chapitre 2 et la magie, au chapitre 11. Pour l'instant, ce qu'il faut retenir, c'est que la Wicca constitue un cadre à l'intérieur duquel on peut pratiquer ces deux types de magie.

Comme vous pouvez le constater, la Wicca revêt divers aspects. Maintenant que vous avez appris les rudiments philosophiques de la Wicca et que vous comprenez un peu mieux en quoi elle consiste (ou en quoi elle consiste aux yeux des autres), vous êtes prêt à passer au chapitre 2 et à découvrir les véritables croyances des wiccans. Mais avant de poursuivre, n'oubliez pas une chose importante : si vous choisissez d'emprunter la voie wiccane, votre expérience pourra être païenne, expérientielle, chamanique, mystique, magique, ou toutes ces choses à la fois, ou aucune d'entre elles. La seule chose qui est sûre, c'est que votre expérience ne se comparera à aucune autre. De ce point de vue, la Wicca est une voie qui actualise votre pouvoir et vous fait évoluer. Comme c'est le cas avec beaucoup de choses, la Wicca sera ce que vous en ferez. Le plus agréable — et le plus éprouvant — avec la Wicca , c'est de découvrir ce qu'elle fera de vous.

2

LES PRINCIPES ET L'ÉTHIQUE DE LA WICCA

Un de mes professeurs nous faisait souvent remarquer que la religion wiccane comporte une grande part de théologie (étude de la nature de la divinité), mais qu'elle ne comporte aucun dogme (règles imposées par un chef religieux). La plupart des gens qui deviennent des wiccans ont l'âme indépendante et n'ont nullement envie de se faire dire quoi penser ou croire. La Wicca laisse énormément de place à la créativité et à l'indépendance spirituelles. Même si la communauté wiccane est très diversifiée et qu'elle le devient davantage chaque jour, la plupart des wiccans partagent certains principes. Le présent chapitre présentera sept de ces principes, de même qu'un code d'éthique wiccan de base.

Par contre, avant d'aborder ces principes, permettez-moi de vous dresser la liste des choses que les wiccans ne font pas et auxquelles ils ne croient pas. Vous trouverez peut-être que certains de ces points sont ridicules, mais s'ils figurent ici, c'est parce qu'un jour ou l'autre, un wiccan a dû expliquer à quelqu'un d'autre qu'ils n'étaient pas vrais. Donc, prenez bonne note que la Wicca n'est pas :

UN MOUVEMENT SATANIQUE OU ANTICHRÉTIEN. Comme je l'ai mentionné sous la rubrique « La Wicca est une "nouvelle vieille" religion », au chapitre 1, la Wicca n'a rien à voir avec la sorcellerie satanique. Les wiccans ne croient pas à Satan. Satan est un concept appartenant à la religion chrétienne, et le satanisme est une hérésie chrétienne. Contrairement aux images diffusées par le cinéma hollywoodien, les wiccans ne pratiquent aucun sacrifice animal ou humain ni ne pervertissent les catholiques. Les wiccans ne détestent pas les chrétiens et n'essaient pas de leur faire du mal ni de porter atteinte à leur foi. Par contre, ils souhaitent fortement qu'un jour, les chrétiens cessent de venir cogner à leurs portes et de laisser des prospectus dans leur entrée pour tenter de les convertir. Ce qui m'amène au point suivant...

UNE FORME DE PROSÉLYTISME. Les wiccans ne cherchent pas à convertir qui que ce soit à la Wicca . Les wiccans ne traînent pas dans les écoles secondaires pour repérer des adolescents vulnérables, leur faire un lavage de cerveau et les entraîner dans une secte. Les wiccans ne font pas du porte-à-porte pour convaincre autrui que leur religion est supérieure à toutes les autres. Les wiccans savent très bien qu'au fil de l'histoire de l'humanité, des gens de diverses cultures — chrétiens, musulmans, juifs, baha'is, bouddhistes, païens et bien d'autres — ont été tués en raison de leurs croyances religieuses ou forcés d'adopter une autre foi. Par conséquent, beaucoup de wiccans considèrent le prosélytisme comme une perpétuation de cette forme d'intimidation et de coercition. Les wiccans savent qu'il existe plus d'un chemin qui mène à Dieu et qu'il appartient à chacun de trouver sa propre voie spirituelle (ou de ne pas le faire, si tel est son choix). Les wiccans estiment que si une personne est destinée à emprunter la voie wiccane, elle trouvera cette voie par elle-même, sans que personne ne la lui impose. Les wiccans savent également que la voie wiccane a une plus grande valeur chez ceux qui ont découvert et choisi cette voie d'eux-mêmes que chez ceux qui se sont fait convaincre de l'adopter.

DUALISTE. Comme vous le verrez dans le premier principe wiccan, la Wicca rassemble beaucoup d'éléments symboliques évoquant le dualisme et la polarité. Bien que dans certaines religions, la dualité soit perçue comme une forme d'antagonisme, Dieu et Satan en étant un exemple, chez les wiccans, la dualité évoque plutôt des pôles opposés ou les deux parties d'un tout. La Wicca n'est pas fondée sur l'exclusion ; tout n'est pas noir ou blanc, un bien ou un mal absolu. La perception des wiccans se décline plutôt en plusieurs teintes de gris. Cela ne veut pas dire que les wiccans n'ont aucun sens de l'éthique ! Pour en savoir plus à ce propos, consultez la section sur l'éthique à la fin du présent chapitre.

EXCLUSIVE. Dans la Wicca , rien ne vous empêche de pratiquer plus d'une religion ou de vénérer plus d'un dieu ou groupe de dieux.

UNE FAÇON D'EXERCER UN POUVOIR SUR LES AUTRES. La Wicca est une façon de bâtir son propre pouvoir. N'est-ce pas plus important ?

AXÉE EXCLUSIVEMENT SUR LA MAGIE. Si vous vous intéressez à la Wicca uniquement pour apprendre la magie, vous perdez votre temps. Puisque la Wicca est une religion, vous n'avez pas besoin d'être un wiccan pour pratiquer la magie, qui existe en dehors de la religion. La Wicca constitue une des diverses voies vers la pratique de la magie, mais la magie n'est pas son thème central. Certains wiccans ne la pratiquent pas du tout.

UNE TENDANCE PROVOCATRICE AU STYLE D'ENFER. Pour être un wiccan, il n'est pas nécessaire de porter des pantalons en vinyle noir avec un rouge à lèvres assorti, d'avoir un piercing en forme de pentagramme dans le nez ou un tatouage à l'allure vaguement menaçante et d'écouter de la musique rock teintée de mélancolie et d'angoisse. Il est vrai que beaucoup de wiccans aiment les décorations corporelles amusantes et inusitées (après tout, le noir amincit, les paillettes font sourire et les tatouages sont une bonne façon d'amorcer la conversation), mais les personnes qui se joignent à la Wicca simplement pour adopter un style provoquant, parce que c'est à la mode ou pour faire réagir leurs parents, leurs voisins ou leur patron, ne font que banaliser notre religion. Et puisque nous parlons de mode et de tendances, permettez-moi d'ajouter que le mouvement gothique n'a rien à voir avec la Wicca ! Par contre, les wiccans aiment bien le mouvement gothique parce qu'il explore et accepte la mort et les aspects les plus obscurs de la spiritualité. Il existe beaucoup de wiccans gothiques, mais cela dit, que vous vous habilliez chez Armani, chez Esprit ou à l'Armée du salut, ou encore que vous ne portiez rien du tout, vous pouvez très bien être un wiccan.

UN PRÉTEXTE POUR COMMETTRE DES AGRESSIONS SEXUELLES. La Wicca n'a pas recours au sexe pour manipuler les gens ou commettre des agressions sexuelles envers les enfants. Les wiccans considèrent ces gestes aussi odieux que n'importe qui d'autre. Maltraiter les enfants est inacceptable et contraire à la voie wiccane. Il est vrai que les wiccans sont généralement assez ouverts en matière de sexualité (voir le septième principe wiccan), mais comme ils ont une sexualité assumée, allant même jusqu'à la célébrer, la majorité des cercles n'accepteront pas d'initiés mineurs. Il n'est pas approprié de faire participer des enfants ou des adolescents dans des rituels qui pourraient comporter des symboles sexuels. Cela dit, si une personne vous dit que vous devrez avoir des rapports sexuels en échange de votre formation wiccane, prenez vos jambes à votre cou! Cette personne n'est pas un wiccan, mais bien un prédateur sexuel.

Voici une liste des sept principes fondamentaux auxquels croient beaucoup de wiccans.

PREMIER PRINCIPE WICCAN : LA DÉITÉ DEVIENT UNE POLARITÉ

Beaucoup de wiccans estiment qu'il existe une seule grande force divine, qu'ils appellent « Esprit », le « Grand Tout », le « Divin » ou tout simplement la « déité ». Cette force donne vie à tout l'Univers et elle transcende les genres, l'espace et le temps. Les wiccans croient aussi, comme les adeptes de beaucoup d'autres religions, que la déité dans son ensemble est trop imposante et trop abstraite pour que les humains puissent la saisir pleinement. Dans la remarquable série d'entrevues *La puissance du mythe*, menées par Bill Moyers avec Joseph Campbell, la plus grande autorité du XXe siècle en matière de mythologie, Campbell résume cette idée ainsi : « Dieu est une pensée, un nom, une idée, mais il renvoie à quelque chose qui transcende toute chose. Le mystère suprême de l'être est au-delà des catégories de pensée[3]. »

Selon les wiccans, la déité se divise (ou nous la divisons) en de multiples aspects auxquels les humains peuvent s'identifier. La première « division » de la déité s'observe entre ses contreparties masculine et féminine. Dans les entrevues de *La puissance du mythe*, Campbell illustre magnifiquement cette idée en évoquant le masque de l'éternité de la grotte de Shiva à Elephanta, en Inde.

3. Joseph CAMPBELL, *La puissance du mythe*, Paris, J'ai lu, 1991, p. 95.

Le masque est constitué d'un visage qui regarde vers l'avant et de deux visages latéraux qui regardent de chaque côté. Campbell explique que les visages de gauche et de droite représentent la première division de la déité. Il dit : « Chaque fois qu'on sort de la transcendance [de la déité], on entre dans le domaine de la dualité. Cette dualité [...] est représentée par les visages masculin et féminin de chaque côté du masque[4] ». Ainsi, en se divisant en différents aspects, la déité entre dans le domaine temporel, là où l'être humain évolue. Campbell poursuit : « Tout ce qui relève du temporel relève de la dualité : le passé et l'avenir, la mort et la vie, l'être et le non-être[5] ».

Cette réflexion peut sembler un peu rébarbative, mais l'interprétation wiccane de la dualité, pour sa part, est assez simple. Les deux principaux aspects de la déité auxquels les wiccans s'intéressent, le masculin et le féminin, sont tout simplement appelés le Dieu et la Déesse. Le Dieu et la Déesse wiccans représentent le yang et le yin, le positif et le négatif, la lumière et l'obscurité. Puisqu'ils constituent les deux parties d'un même tout, ils sont distincts l'un de l'autre, mais sans jamais être complètement dissociés, car ils sont unis par leur polarité. Aucun de ces aspects ne pourrait exister sans l'autre. La polarité ou le lien unissant le Dieu et la Déesse s'inscrit dans une dynamique sacrée et constitue un élément central de la Wicca .

Deuxième principe wiccan : La déité est immanente

Les wiccans estiment que la déité, cette force de vie décrite dans le premier principe, est immanente, ou inhérente, à tous les êtres et à toutes choses. On trouve la déité dans les cathédrales les plus majestueuses comme dans les plus minuscules grains de sable.

---

4. Traduction libre.

5. Joseph CAMPBELL, *La puissance du mythe*, Paris, J'ai lu, 1991, p. 126.

Tandis que la perception animiste du monde considèrerait que la cathédrale et le grain de sable sont dotés de leur propre conscience, selon l'interprétation wiccane, tout ce qui nous entoure est imprégné d'une force sacrée qui constitue la déité ou une partie de la déité. La déité fait aussi partie de chacun de nous, et ce, peu importe notre religion. Et comme la déité habite tous les êtres, chacun de nous fait partie du Divin.

TROISIÈME PRINCIPE WICCAN : LA TERRE EST UNE MANIFESTATION DU DIVIN

Selon les wiccans, la terre est une manifestation de la déité. Elle constitue un élément tangible du Divin, et plus particulièrement de la Déesse, puisqu'elle est la source de vie et le berceau de la mort. Ainsi, tout lieu sur terre est un endroit sacré. Même si certains soutiennent que certains lieux sont plus sacrés que d'autres, pour les wiccans, il y a une parcelle divine dans les moindres recoins de la terre. C'est pourquoi ils s'appliquent à s'harmoniser avec les énergies telluriques et à les utiliser. Pour ce faire, il faut comprendre le cycle des saisons et y prendre part en pratiquant des rituels et en interagissant avec la terre. Il faut aussi vivre en se laissant porter par l'énergie naturelle de la terre plutôt qu'en cherchant à la contrecarrer.

Pour beaucoup de gens, l'expérience religieuse suprême consiste à transcender le monde matériel, c'est-à-dire notre expérience terrestre, pour atteindre les plans supérieurs. Certains cherchent à atteindre un certain lieu, comme le paradis, chez les chrétiens, tandis que d'autres cherchent à atteindre un espace intérieur, comme l'état d'illumination, ou nirvana. Même si beaucoup de wiccans croient qu'ils se retrouveront dans un lieu spécial après leur mort et qu'un grand nombre d'entre eux croient en l'existence d'un autre monde ou d'un monde souterrain, la majeure partie de leurs pratiques consistent néanmoins à être présents ici et maintenant, sur la planète Terre. Par exemple, les rituels wiccans évoquent souvent le changement des saisons et les wiccans pratiquent leurs rituels et leur magie en faisant appel aux arbres, aux pierres et aux plantes.

Beaucoup de wiccans croient que leur voie spirituelle consiste en grande partie à prendre soin de la terre, par exemple, en accomplissant de petits gestes quotidiens, comme le recyclage, ou en s'investissant dans de grandes causes environnementales. La Wicca n'exige pas de tels engagements, mais pour beaucoup de wiccans, ces gestes vont de soi lorsqu'ils prennent conscience que la terre est divine.

Quatrième principe wiccan : Les pouvoirs psychiques

Les wiccans croient à l'existence des habiletés psychiques et à leurs effets, et que chaque être humain naît avec ses propres dons psychiques. Puisque chacun est habité par la même force divine qui habite la terre et tout ce qui l'entoure, nous pouvons sans contredit puiser dans cette force pour obtenir de l'information et accomplir des actes qui surpassent la portée de nos cinq sens. Nous savons que, dans la nature, de nombreuses choses présentent des motifs : la forme spiralée de la coquille du nautile ou la configuration des feuilles et des branches sur beaucoup d'arbres, entre autres. (Les Grecs, notamment, ont beaucoup utilisé la géométrie sacrée et le nombre d'or pour construire leurs temples. Ils avaient bien compris comment travailler de concert avec la nature !) Selon les wiccans, en plus de ces phénomènes naturels bien connus, il existe dans la nature et les sphères spirituelles d'autres constantes plus difficiles à démontrer scientifiquement, constantes qu'ils s'appliquent à déchiffrer et à utiliser. Une habileté psychique consiste tout simplement à percevoir ces constantes et à être conscient de leur existence.

Les wiccans utilisent leurs habiletés psychiques à diverses fins, comme aiguiser leur intuition, pratiquer la divination (lire une carte du ciel ou tirer au tarot, par exemple) et percevoir des choses que la science ne parvient pas encore à expliquer, comme les esprits des défunts ou la présence des dieux. Comme bien d'autres aptitudes, ces habiletés psychiques peuvent être raffinées et la Wicca peut nous aider à exploiter ces dons. Un des enseignements les plus élémentaires de la Wicca, mais parmi les plus importants, consiste à nous faire prendre conscience que les habiletés psychiques existent vraiment. Après tout, comment peut-on utiliser un don si on ne croit pas à son existence ? Les wiccans renforcent aussi leurs habiletés psychiques en s'exerçant. La méditation, la magie, la divination et les rituels font partie des activités qui leur permettent d'exercer leurs muscles psychiques. J'aborderai certaines de ces pratiques plus en détail dans les prochains chapitres.

Cinquième principe wiccan : La magie

Les wiccans croient à la magie et à ses effets. Ils croient aussi qu'elle peut être utilisée pour améliorer leur existence et les aider dans leur cheminement spirituel. Quand je dis « magie », je ne parle pas de sortir un lapin d'un chapeau, de changer son petit frère en crapaud ou de jeter un sort à son ancienne amoureuse. Je fais plutôt référence à une notion qui se rapproche davantage de la définition de la magie proposée par le célèbre — et controversé — magicien du XIIe siècle, Aleister Crowley, dans son ouvrage tout aussi célèbre, *Magick*. La magie (ou « *magick* », mot utilisé par Crowley) est « l'art et la science d'occasionner des changements conformément à la volonté[6] ».

La magie, tout comme les habiletés psychiques, repose sur la connaissance des configurations célestes dans le cosmos. Par

---

6. Traduction libre.

contre, tandis que l'utilisation des habiletés psychiques signifie que le wiccan s'harmonise avec ces motifs et qu'il les comprend, la pratique de la magie consiste plutôt à infléchir ces motifs ou à travailler de concert avec eux dans le but d'arriver au changement souhaité. La philosophie de la magie nous rappelle que tout ce qui nous entoure est imprégné du divin. Et puisque l'énergie divine est en chaque chose, il est possible de se connecter à cette énergie pour produire un effet sur une chose qui ne semble pas avoir de lien avec nous — du moins, du point de vue de nos cinq sens. Cette idée est très bien résumée dans l'introduction du troisième livre de *Magick*, qui commence par une citation de *The Goetia : The Lesser Key of Salomon the King*, un grimoire magique :

> La magie est la connaissance la plus haute, la plus absolue et la plus divine de la philosophie naturelle, développée dans ses œuvres et opérations merveilleuses par une juste compréhension de la vertu occulte et intérieure des choses ; de sorte qu'en appliquant les agents corrects aux patients adéquats, des résultats étranges et admirables seront produits. D'où le fait que les magiciens sont des chercheurs profonds et diligents de la nature ; ils savent, grâce à leur talent, comment escompter un résultat, lequel semble être un miracle aux yeux du commun mortel[7].

Comme dans le cas des habiletés psychiques, la Wicca aide les gens à développer leurs habiletés magiques en les amenant tout d'abord à croire que la magie opère vraiment. Elle enseigne qu'il incombe à chacun de trouver sa propre voie et son propre sens moral, c'est-à-dire sa volonté magique. La magie est un outil d'actualisation de pouvoir et d'épanouissement personnel. Il est vrai que les wiccans utilisent sans cesse la magie à des fins terre-à-terre, notamment pour la guérison, mais il reste que son but ultime transcende la vie terrestre.

---

7. *Ibid.*

Sixième principe wiccan : La réincarnation

Bien que la majorité des wiccans croient en la réincarnation (c'est-à-dire au retour de l'âme sur terre après la mort, dans un nouveau corps ou sous une autre forme), leurs interprétations de la réincarnation divergent beaucoup. Certains croient tout simplement que nos âmes entrent dans un nouveau corps, tandis que d'autres croient que notre essence est recyclée et redevient de l'énergie cosmique. Enfin, d'autres croient que nous avons tous en commun une seule et même âme et que cette âme fait le tour des innombrables possibilités offertes par la vie en habitant tous nos corps à la fois.

Gerald Gardner, le « grand-père » de la Wicca que j'ai mentionné au chapitre 1, croyait fermement en la réincarnation. D'ailleurs, une des raisons pour lesquelles les gens de son époque l'accusaient de mener une campagne publicitaire autour de la Wicca est qu'il souhaitait raviver l'intérêt pour cet art et ainsi s'assurer qu'il pourrait se réincarner au sein d'une famille wiccane. Le troisième principe wiccan, selon lequel la terre est une manifestation du divin, explique en partie l'importance de la réincarnation au sein de la Wicca . Comme nous l'avons déjà vu, la pratique de la Wicca est centrée sur la terre et sur l'« ici et maintenant ». Il est donc naturel pour les wiccans de croire que la mort n'est pas une finalité en soi et qu'ils reviendront un jour sous une autre forme.

Septième principe wiccan : La sexualité est sacrée

Dans la Wicca , la sexualité, c'est-à-dire l'union physique de deux personnes, est un acte sacré, source de joie et d'émerveillement, et non pas de honte ni de culpabilité. Les wiccans chérissent et révèrent la sexualité. Ils la considèrent comme un cadeau des dieux, un plaisir et une responsabilité qui nous ont été accordés en même temps que notre corps physique. Ils la voient comme une manifestation de la polarité du Dieu et de la Déesse et de la fertilité de la terre.

Le symbolisme sexuel est très présent, dans la Wicca . Les sabbats (fêtes wiccanes) comportent des récits racontant l'union du Dieu et de la Déesse. Le calice et l'athamé (couteau rituel) posés sur l'autel wiccan représentent, entre autres, les organes reproducteurs masculin et féminin. En outre, l'importance accordée aux cycles de la nature sert à accroître la fertilité de la terre et de ses habitants.

Si les symboles évoquant le Dieu, la Déesse et la fertilité sont si présents, faut-il en déduire que la Wicca condamne l'homosexualité ? Pas du tout ! La polarité est à l'œuvre dès que deux adultes consentants s'unissent pour faire l'amour ; qu'ils soient de même sexe ou non, leur union demeure une célébration de leur existence terrestre.

Est-ce que le fait que la sexualité soit sacrée pour les wiccans signifie qu'ils se livrent à des orgies cérémonielles ? Ce n'est pas ce que la Wicca entend par sexualité sacrée. Il est vrai qu'en reconnaissant la dimension spirituelle de la sexualité, certaines personnes s'affranchissent des contraintes sociales rattachées à la sexualité et qu'elles ont ainsi plus de chances de vivre des expériences avec plusieurs partenaires (ce qui n'a rien d'une orgie). Mais dire que la sexualité est sacrée, c'est aussi dire qu'elle doit être traitée avec révérence. Ainsi, les wiccans abordent l'acte sexuel avec plus de respect et de façon plus épanouie qu'ils le feraient si la sexualité n'était pour eux qu'une simple banalité. Une femme guérisseuse du centre du Mexique, qui a plus de 80 ans, le dit comme suit : « Tu es sacré. Ton corps est sacré. Ton vagin est sacré. Ton pénis est sacré. Tu ne mets rien dans ton corps sacré qui n'est pas sacré. Et tu ne mets pas ton corps sacré dans quoi que ce soit qui n'est pas sacré ». Je ne saurais le dire mieux.

Si vous êtes mal à l'aise avec l'idée que la sexualité est sacrée ou avec le symbolisme sexuel, la Wicca n'est probablement pas pour vous. Mes propos peuvent vous sembler durs, surtout pour les Nord-Américains qui grandissent en apprenant qu'ils peuvent faire tout ce dont ils ont envie. Mais la vérité, c'est que la Wicca nous lance sans arrêt des défis. Son but n'est pas de nous laisser dans notre zone de confort. Pour changer, il faut que quelque chose nous pousse à le faire. Dans ce sens, la Wicca porte essentiellement sur la transformation et sur le pouvoir personnel qui découle de la communion avec cette transformation. L'idée que la sexualité est sacrée n'est qu'un des nombreux éléments de la Wicca susceptible d'ébranler certaines normes sociales communément acceptées.

ÉTHIQUE ET RESPONSABILISATION

Comme vous l'avez probablement compris, les wiccans sont des gens très indépendants. Vous ne serez donc pas surpris d'apprendre qu'il n'y a aucune autorité centralisée dictant un code d'éthique wiccan. L'éthique est essentiellement un ensemble de principes de bonne conduite, de règles pour bien se comporter. Dans la plupart des religions, le code éthique ou moral est lié à la culture dans laquelle la religion a pris naissance, aux institutions religieuses (s'il y a lieu) qui se sont développées au sein de la religion et aux livres sacrés et aux enseignements associés à cette religion. Dans le christianisme, par exemple, on retrouve les dix commandements, lesquels, selon la Bible, ont été dictés à Moïse par Dieu en faveur de l'humanité.

En ce qui concerne la Wicca , par contre, il n'y a pas de « tu ne dois pas ». La Wicca ne compte aucun livre, aucune icône religieuse ni aucun buisson ardent pour désigner ce qui est éthique ou non et ce qui arrivera à ceux qui enfreignent ces règles. Ce qu'il y a de puissant — mais de terrifiant —, avec la Wicca , c'est qu'il revient à chacun de déterminer ce qui est éthique et ce qui ne l'est pas pour soi.

Est-ce que cela signifie que la Wicca ressemble à une énorme mêlée générale où chacun fait ce qu'il veut, quand il le veut, sans aucune restriction et sans jamais en subir les conséquences? N'existe-t-il pas de lignes directrices wiccanes énonçant quelques comportements éthiques? Pas tout à fait. La section qui suit aborde ces questions plus en détail.

LE REDE WICCAN

Bien qu'il n'y ait personne pour dire aux wiccans ce qu'ils doivent faire, beaucoup de wiccans suivent un principe éthique appelé le « rede wiccan », qui dit ceci : « Si cela ne fait de mal à personne, fais ce que tu veux ». C'est un peu la règle d'or de la Wicca .

À première vue, le rede semble dire « fais ce que tu désires, mais ne fais de mal à personne », ce qui est très bien, en théorie. Réfléchissez avant d'agir, ne jetez pas un mauvais sort sur ce télévendeur ennuyeux et essayez de causer le moins de dommages possible en faisant votre place dans le monde. Mais l'ennui, c'est que beaucoup de gens qui interprètent le rede de la sorte s'attardent trop sur l'expression « faire du mal ». Visitez les archives de n'importe quel forum de discussion sur la Wicca et vous trouverez assurément une discussion sur le rede où les participants s'acharnent à essayer de définir exactement ce qu'on entend par « faire du mal ». Ce genre de discussion peut facilement donner lieu à des interprétations ridicules : « Ai-je fait du mal à autrui en obtenant ce nouveau poste et en empêchant ainsi quelqu'un d'autre de l'obtenir? », « Ai-je fait du mal à mon amie en ne lui parlant pas des soldes à moitié prix à notre boutique favorite? » ou « Ai-je fait du mal à autrui en écrasant cette énorme araignée dans ma baignoire? ».

Même si ces questions peuvent s'avérer un exercice philosophique intéressant, elles passent à côté de l'essentiel. Après tout, si on veut pousser la réflexion à l'extrême, n'importe quoi, du seul fait de son existence, fait du mal à autre chose. Si vous essayez de ne pas faire de mal à quoi que ce soit au point de devenir un ascète — celui qui mesure sa spiritualité en fonction du sacrifice de soi —, vous raterez le but de la Wicca , qui consiste à célébrer la vie plutôt qu'à essayer de la contrôler. En fait, « ne faire de mal à personne » signifie aussi que vous ne devez pas faire de mal à vous-même. Et s'imposer un cadre moral trop strict n'a rien de sain. Quand bien même vous ne feriez de mal à personne, si vous ne profitez pas de votre vie, vous ne vivez pas selon le rede. Toutefois, rassurez-vous : la partie la plus importante du rede — son vrai pouvoir — ne réside pas dans l'expression « faire du mal », mais bien dans le verbe « vouloir ».

DÉSIR ET VOLONTÉ

Vous désirez certaines choses : une nouvelle voiture, passer la soirée avec Cameron Diaz ou manger un demi-litre de crème glacée. Les désirs concernent des biens matériels, qu'ils soient futiles ou importants. Par contre, la volonté est la force qui vous permet de réaliser vos plus grandes ambitions spirituelles. Elle transcende vos désirs. Voilà ce à quoi Joseph Campbell fait référence lorsqu'il dit : « Obéissez à votre cœur ». Cela signifie suivre le guide intérieur qui vous conduira au but suprême, aussi bien sur le plan matériel que sur le plan spirituel. Dans le livre la *La puissance du mythe*, il dit :

> Lorsque vous faites ce à quoi vous aspirez profondément, vous vous positionnez sur un tracé qui vous attendait depuis toujours et vous menez la vie qui doit être la vôtre. À ce moment-là, vous rencontrez des gens qui œuvrent dans le domaine de votre choix et qui vous en ouvrent les portes. C'est pourquoi je dis toujours : « Obéissez à votre cœur sans crainte et les portes s'ouvriront là où vous ignoriez qu'elles existaient »[8].

Le même raisonnement s'applique lorsque vous obéissez à votre volonté ou l'accomplissez. Comme vous pouvez le voir, la volonté va beaucoup plus loin que le simple « fais ce que tu désires ».

---

8. Joseph CAMPBELL, *La Puissance du mythe*, Paris, J'ai lu, 1991, p. 206.

En mettant l'accent sur la volonté, le rede vous incite à accomplir des gestes qui correspondent à votre mission personnelle et à amener votre spiritualité, quelle qu'elle soit, dans chaque aspect de votre existence. Le rede vous pousse à puiser dans cet espace spirituel pour prendre vos décisions. Lorsque vous agissez en respectant votre vraie volonté, vous vivez en harmonie avec la déité. En fait, le point de mire du rede, c'est vous-même, votre vie et vos choix et non pas la personne qui pourrait éventuellement être blessée par vos actes. Le rede porte entièrement sur la responsabilité personnelle et sur la connaissance de soi, ce qui est à la fois effrayant et euphorisant, puisque vous êtes ainsi responsable de vous-même. Le rede apporte au wiccan une dimension éthique et une responsabilisation.

LA LOI DU TRIPLE RETOUR

Puisque la Wicca ne comporte aucune escouade de la moralité, les wiccans ne peuvent compter que sur eux-mêmes pour déterminer si ce qu'ils font est bien ou mal. Il n'existe pas non plus un lieu en dehors du cosmos où les wiccans coupables de mauvaise conduite seront expédiés. Mais cela ne signifie pas pour autant qu'ils ont carte blanche.

Beaucoup de wiccans croient en la «loi du triple retour». Cette loi stipule que tout ce que vous faites en ce monde vous reviendra trois fois. Tout comme dans le cas de l'expression «faire du mal» du rede wiccan, certains trébuchent sur l'expression «triple retour» et entament des discussions interminables pour tenter de déterminer si leurs actes leur seront rendus en trois fois distinctes ou en une seule fois de triple intensité, mais une fois de plus, là n'est pas la question. Ce que dit la loi du triple retour, c'est que les choses semblables s'attirent. Si vous envoyez à l'Univers des énergies positives, que vous vivez en respectant votre éthique personnelle, que vous essayez de bien vous traiter et de bien traiter les autres, vous avez de fortes chances de recevoir le même type d'énergie en retour. Si vous émettez des énergies négatives, vous obtiendrez aussi la même chose en retour. La seule différence, c'est que lorsque des énergies positives vous reviennent, tout vous semble plus facile, alors que lorsque vous recevez des énergies négatives, les difficultés s'immiscent tranquillement dans votre vie, jusqu'au jour où elles vous assènent un grand coup sur la tête.

Je ne veux pas insinuer qu'il y a dans l'Univers une banque d'énergie cosmique où tous vos actes, bons et mauvais, sont répertoriés, et que votre compte est étroitement surveillé pour que tout ce que vous recevez reflète les gestes que vous avez accomplis. L'Univers ne fonctionne tout simplement pas ainsi. Comme il ne tient aucun bilan, il ne sert à rien de prendre la loi au pied de la lettre et d'anticiper une récompense ou un revers pour chaque geste posé. D'ailleurs, vous n'avez pas plus de contrôle sur la façon dont les choses vous reviendront. Et ce n'est pas parce que vous avez laissé un automobiliste se frayer une place sur une autoroute bondée qu'on vous rendra nécessairement la pareille plus tard.

LE REDE ET LA LOI DU TRIPLE RETOUR COMBINÉS

Si vous combinez la loi du triple retour au rede, vous découvrirez qu'aussi longtemps que vous suivrez votre véritable volonté et que vous resterez en parfaite harmonie avec l'univers et le divin, l'énergie positive ainsi générée déclenchera une réaction en chaîne qui touchera tout ce qui vous entoure. En retour, cela attirera vers vous encore davantage de nouvelles énergies positives. Voilà justement l'objectif que les wiccans cherchent à atteindre.

Un des éléments importants de la pratique de la Wicca consiste à assumer ses responsabilités personnelles. Même si un wiccan adhérant au rede et à la loi du triple retour manque son coup et fait preuve de méchanceté envers autrui, il sera parfaitement conscient qu'en temps et lieu, il s'attirera le même genre d'énergie. Par ailleurs, faire du mal à autrui revient aussi à vous faire indirectement du mal à vous-même, puisqu'en agissant de la sorte, vous attirez des énergies négatives sur vous-même. Faire du mal aux autres vous marquera donc, et cette marque énergétique vous suivra partout, telle une épée de Damoclès. Il arrive parfois qu'un wiccan prenne un risque en toute connaissance de cause et qu'il accomplisse un acte éthiquement douteux, parce qu'il estime qu'au bout du compte, tout le monde y gagnera. Dans ce genre de situation, le wiccan assume totalement les répercussions de ses actes, tout en sachant que l'énergie positive ou négative qu'il s'attirera en retour sera en partie due à l'action commise. Le principal, c'est que chaque wiccan est l'arbitre de son éthique personnelle. Il a le pouvoir et le devoir de choisir ses actes en fonction de ses propres idéaux plutôt qu'en fonction des règles imposées par autrui. Je sais que mes propos sont assez percutants, mais comme je l'ai déjà mentionné, le but de la Wicca n'est pas de vous faire rester continuellement dans votre zone de confort. La Wicca vise plutôt à vous faire prendre votre destinée en main, et elle vous fera parfois passer de mauvais quarts d'heure.

Dans les prochains chapitres, nous nous pencherons sur certaines des pratiques fondamentales de la Wicca , dont le travail énergétique, la visualisation, la transe, la méditation et la visualisation guidée. Si vous envisagez d'essayer ces techniques et de faire les exercices figurant dans les prochains chapitres, je vous recommande de commencer à tenir un journal dans lequel vous consignerez vos expériences. Votre journal vous permettra de suivre vos progrès et de noter vos découvertes.

3

LES OUTILS FONDAMENTAUX DE LA WICCA

L'énergie, la visualisation,
l'ancrage et l'écran de protection

Maintenant que vous avez lu les chapitres précédents (plutôt que de sauter directement à cette page), vous avez assimilé de nombreuses notions philosophiques qui vous permettront de mieux comprendre l'essence de la Wicca et les croyances des wiccans. Même si ces notions sont essentielles pour bien comprendre la Wicca , il faut aussi garder en tête que la Wicca est une religion axée sur la pratique. Ainsi, les wiccans ne font pas que suivre leur religion. L'exploration, la participation et l'expérience sont des éléments centraux de la pratique wiccane.

Pour pratiquer activement la Wicca , il faut disposer de quelques outils ou habiletés de base. L'outil le plus fondamental du wiccan — de n'importe qui, en fait — est son mental. Le présent chapitre et le suivant porteront essentiellement sur le mental et viseront à préparer le terrain en vue de l'apprentissage de la magie et des rituels. Beaucoup de pratiques wiccanes ont essentiellement pour but de former le mental et d'apprendre à l'utiliser différemment. La visualisation, l'ancrage et l'écran de protection sont probablement les pratiques les plus importantes et les plus fondamentales de la Wicca . Toutefois, avant d'explorer ces notions, il est important d'aborder le concept d'énergie.

QU'EST-CE QUE L'ÉNERGIE?

Chaque parcelle de vie est imprégnée d'énergie. Dans le film *La guerre des étoiles*, sorti en 1977, Obi Wan Kenobi décrit la « force » comme suit : « C'est un champ d'énergie créé par tout être vivant, une énergie omniprésente en nous et en dehors de nous. Une énergie qui fait que la galaxie ne fait qu'un. » Sa description pourrait tout aussi bien s'appliquer à ce que les wiccans appellent « énergie ». Selon certains wiccans, l'énergie et la déité constituent une seule et même chose, c'est-à-dire la force de vie. Selon d'autres, la déité est douée de sensations, alors que ce n'est pas le cas de l'énergie. Selon d'autres encore, l'énergie émane de la déité ou nous vient de la Déesse. Dans plusieurs de ses livres, Scott Cunningham, le célèbre auteur wiccan, précise qu'il pouvait percevoir trois différents types d'énergie, qu'il appelait « pouvoirs ». Le premier type d'énergie est le pouvoir personnel, c'est-à-dire l'énergie qui habite notre corps et qui est produite par lui. Le deuxième type d'énergie est le pouvoir divin, soit l'énergie provenant des dieux. Et le troisième type d'énergie, c'est le pouvoir de la terre, c'est-à-dire l'énergie produite par la terre et dans laquelle elle baigne. Cette façon de concevoir l'énergie est très pertinente aux fins de la Wicca , pourvu qu'on n'oublie pas que ces trois types d'énergie constituent tous ultimement la même chose, à la seule différence qu'ils proviennent de différentes sources. La plupart des wiccans s'entendent pour dire qu'il y a de l'énergie en toute chose.

L'énergie a beaucoup d'importance, dans la Wicca . Les wiccans affinent leur habileté à percevoir et à « lire » l'énergie pour mieux comprendre les cycles de la nature, pour se connecter à leur milieu ambiant et pour obtenir de l'information parapsychologique. Les wiccans estiment aussi qu'ils peuvent infléchir l'énergie pour effectuer des changements, ce qui est le propre de la magie.

Comme c'est souvent le cas avec la Wicca , si vous souhaitez réellement apprendre à percevoir et à utiliser l'énergie, vous devez avant tout croire que l'énergie réside dans tout ce qui nous entoure, ou à tout le moins être ouvert à cette perspective. Il arrive parfois aussi qu'on perçoive l'énergie « par accident », que vous y croyiez ou non. Par exemple, peut-être avez-vous déjà senti la vibration des gens en arrivant dans une soirée, ou peut-être êtes-vous déjà entré dans une église très ancienne et avez-vous reconnu le léger bruissement de la force qui s'y est accumulée au fil des très nombreuses années de dévotion. Si c'est le cas, alors vous avez perçu l'énergie. Vous la percevrez beaucoup plus facilement si vous vous détendez et mettez de côté votre esprit analytique, et si vous vous autorisez à la percevoir. Voici quelques exercices de base pour débuter.

Exercice 1 : Main contre main

Voici une technique éprouvée pour ceux qui souhaitent percevoir l'énergie pour la première fois. Pratiquement tous les wiccans que je connais ont utilisé ce truc au moins une fois. Choisissez un endroit calme où vous pourrez rester assis sans vous faire déranger. Vous pouvez vous asseoir à même le sol, sur une chaise ou à l'extérieur. Le plus important, c'est que vous soyez à l'aise et que vous parveniez à vous détendre. Si possible, gardez le dos droit tout en restant détendu. J'ai remarqué que j'ai plus de facilité à faire du travail énergétique lorsque ma colonne vertébrale est bien droite. Peut-être préférerez-vous vous asseoir et garder le dos droit, ou peut-être pas. À vous de trouver la position qui vous convient.

Une fois que vous aurez trouvé une position confortable, frottez doucement vos mains l'une contre l'autre pendant quelques secondes, jusqu'à ce que vous éprouviez une sensation de chaleur. Maintenez ensuite vos mains l'une contre l'autre, devant vous, comme un enfant faisant sa prière du soir, puis commencez à les éloigner lentement l'une de l'autre, de quelques centimètres. Tandis que vos mains s'écartent, essayez de percevoir l'énergie que vous venez de générer ; vous devriez la sentir circuler entre vos paumes ou vos doigts (et je parle vraiment d'énergie, non pas d'une simple sensation de chaleur!). Pour certains, cette énergie ressemble un peu au jeu de ficelle avec les mains. Ne vous attendez pas à recevoir une décharge électrique! Ces énergies sont subtiles et laissent une impression de picotement. En général, je sens l'énergie sortir du centre de mes paumes, mais d'autres la sentent plutôt sortir de leurs doigts.

Ensuite, rapprochez doucement vos mains l'une de l'autre. Voyez si vous sentez une certaine résistance entre vos mains. Certains comparent la sensation à deux aimants qui se repoussent. Ne vous découragez pas si vous ne percevez rien la première fois que vous faites l'exercice. À force de vous exercer, vous finirez par percevoir l'énergie.

Vous pouvez essayer une variation de cette technique avec un partenaire. Assoyez-vous en face de votre partenaire, frottez vos propres mains l'une contre l'autre, comme lorsque vous étiez seul, et demandez à votre partenaire de faire la même chose. Puis, touchez les mains de votre partenaire, comme si vous poussiez chacun sur les côtés opposés d'une même porte. Rapprochez ensuite tranquillement vos mains vers vous et essayez de percevoir l'énergie entre vous. Poussez à nouveau les mains vers celles de votre partenaire et voyez si vous sentez une certaine résistance.

Certains wiccans croient qu'ils ont une main « réceptive » et une main « active ». La main réceptive serait meilleure pour percevoir l'énergie, tandis que la main active serait meilleure pour la diriger. Pour la plupart des wiccans qui croient à cette différence, leur main dominante est leur main active. Ainsi, si vous êtes droitier, vous pourriez essayer de percevoir les énergies avec votre main gauche. En ce qui me concerne, je n'ai jamais eu l'impression qu'une de mes mains était plus réceptive ou plus active que l'autre — l'une et l'autre font les deux —, mais certaines personnes de mon cercle croient fermement à la théorie de la main réceptive. Il s'agit d'un autre élément que vous pouvez expérimenter vousmême pour voir ce qui fonctionne le mieux pour vous. Qui sait, peut-être découvrirez-vous que vous percevez mieux l'énergie avec vos pieds !

Exercice 2 : Pierres et plantes

Maintenant que vous avez senti l'énergie entre vos mains, essayez de percevoir l'énergie d'un cristal ou d'une pierre. Pour vous situer, sachez que les cristaux sont des piles naturelles, si bien que leur énergie est généralement assez facile à percevoir. Assoyez-vous confortablement, détendez-vous et prenez la pierre ou le cristal dans votre main. Tenez-le doucement et observez ce que vous ressentez. Peut-être que vous ne ressentirez rien dans votre main, mais que vous éprouverez une sensation dans votre tête. Peut-être verrez-vous une image mentale au lieu d'éprouver une sensation physique. Peut-être aussi sentirez-vous tout simplement le cristal vibrer dans votre paume. Testez différentes pierres. Leur énergie est-elle différente ? Si c'est le cas, en quoi diffère-t-elle ? L'énergie est-elle plus facile à percevoir avec certaines pierres qu'avec d'autres ? Si vous trouvez une pierre qui vous « parle » particulièrement, peut-être devriez-vous la garder pour pratiquer la magie.

Ensuite, essayez de percevoir l'énergie des plantes ou des arbres. Une fois de plus, trouvez un endroit où vous pouvez vous détendre et vous exercer sans vous faire déranger, mais cette fois-ci, à l'extérieur. Vous pouvez faire l'exercice assis ou debout. Placez vos mains à quelques centimètres d'une plante ou d'un arbre. Bon, d'accord, vous pourriez vous sentir un peu ridicule. Vos voisins vous trouveront peut-être bizarre, s'ils vous voient. Et alors ? Tout cela sert à votre épanouissement personnel, non ? Fermez les yeux et essayez de sentir l'énergie qui change tandis que vous approchez tranquillement vos mains de la plante. Vous ne devriez pas avoir besoin de toucher la plante pour percevoir sa « signature énergétique », mais touchez-la si c'est la seule façon pour vous de percevoir son énergie. Cet exercice pourrait être plus facile à pratiquer avec une petite plante qu'avec un arbre. Les arbres sont imposants et leur signature énergétique est forte et magnifique, mais ils ne sont pas aussi pleins d'entrain, pour ainsi dire, que le plant d'origan qui pousse dans votre jardin. Si on comparait l'arbre à une basse, l'origan serait une soprano.

Une fois que vous avez senti l'énergie des pierres et des plantes, testez différents objets dans votre maison. Eux aussi ont leur propre signature énergétique. Essayez de percevoir l'énergie d'un morceau de bois ou d'un jouet en plastique. La vibration ne sera peut-être pas aussi puissante que celle des plantes et des cristaux, mais elle est tout de même présente. Les wiccans qui aiment percevoir l'énergie des objets inanimés s'essaient souvent à la psychométrie. La psychométrie est l'habileté qui permet, en touchant un objet, de lire sa vibration pour obtenir de l'information sur son passé. Par exemple, vous pourriez prendre une vieille photographie et obtenir de l'information sur les personnes qui y figurent. Toutefois, n'allez pas croire que vous n'êtes pas un bon wiccan parce que vous n'êtes pas extraordinairement doué pour la psychométrie. Beaucoup de wiccans ne le sont pas non plus ! Le plus important est de continuer à vous entraîner à percevoir l'énergie.

L'ÉNERGIE SUIT LA PENSÉE : LA VISUALISATION

Maintenant que vous avez ressenti l'énergie, vous pouvez commencer à apprendre comment l'utiliser pour faire un rituel, vous familiariser avec la déité, pratiquer la magie et entraîner des changements positifs dans votre vie. Pour y parvenir, vous devez d'abord apprendre la visualisation. Les wiccans utilisent constamment la visualisation, lorsqu'ils font de la magie et du travail énergétique. Dans la Wicca , la visualisation consiste à projeter une image représentant le but à atteindre sur son écran mental. Un concept magique dit que «l'énergie suit la pensée». Autrement dit, si vous parvenez à créer et à voir une image dans votre tête, alors cette image attirera de l'énergie, et ce que vous voyez sur votre écran mental commencera à se concrétiser dans votre vie.

Je ne fais pas référence à cette ridicule croyance nouvel âge qui veut que si nous nous rassemblons pour nous tenir par la main et visualiser la paix dans le monde, les armées du monde entier déposeront leurs armes, les frontières disparaîtront et ce sera la fin des conflits. En fait, la visualisation se rapproche davantage d'une affirmation, c'est-à-dire un énoncé positif qu'on se répète dans notre tête sans cesse jusqu'à ce qu'elle soit gravée dans notre inconscient — cette partie mystérieuse et profonde du cerveau qui fonctionne en arrière-plan de la conscience. Lorsqu'on parvient à graver une idée dans l'inconscient, ce dernier fera en sorte que cette idée devienne réalité. Contrairement à la conscience, qui est étroitement liée au quotidien et qui renferme généralement une bonne dose de scepticisme, l'inconscient, lui, croit tout ce qu'on lui dit. Il prend tout au pied de la lettre. Si vous vous regardez dans le miroir et que vous déclarez « Je vais perdre deux kilos », votre inconscient répondra : « Je vais perdre deux kilos ». Mais votre conscience, par contre, répondra plutôt : « Peut-être bien, mais si je ne coupe pas les sucreries, ça ne marchera jamais ! ». Ce n'est pas tant que votre conscience refuse de vous croire, mais surtout qu'elle refuse de reconnaître que votre énoncé constitue une vérité inébranlable. L'inconscient, par contre, ne porte pas de tels jugements analytiques.

Mais l'inconscient — cette chose énigmatique — fonctionne mieux avec des images qu'avec des paroles. Donc, si vous apprenez à visualiser vos objectifs, il sera plus facile pour votre mental d'attirer ce que vous désirez que si vous ne faites que l'énoncer à voix haute. Lorsque vous créez une image dans votre mental — lequel inclut votre conscience —, l'image commence à devenir votre réalité. Plus vous visualiserez une image souvent, plus cette image deviendra réelle pour votre mental. Et plus cette image deviendra réelle pour votre mental, plus elle deviendra réelle dans le reste de votre vie aussi.

Voici quelques exercices qui vous aideront à développer cette habileté. Au début, il serait préférable de vous installer dans un endroit calme où vous pourrez vous exercer sans être dérangé, comme pour les exercices de perception de l'énergie. Au fil du temps, votre habileté à pratiquer la visualisation s'améliorera et vous pourrez vous exercer n'importe où, même avec des distractions autour de vous. Mais lorsque vous commencez à développer cette aptitude, il est préférable de vous accorder un peu de tranquillité.

Exercice 3 : Les objets du quotidien

Prenez un petit objet de la vie courante, comme un réveille-matin, une chaussure, vos clés d'auto ou un ouvre-boîte. Examinez l'objet pendant cinq minutes. Regardez-le sous tous ses angles. Touchez-le. Sentez-le (même si c'est votre chaussure!). Soupesez-le, remarquez ses moindres détails. Quand vous aurez fini d'examiner l'objet, déposez-le, fermez les yeux et commencez à le visualiser. Visualisez l'objet dans son ensemble, puis voyez chacun des petits détails que vous avez notés. Voyez si vous pouvez recréer l'objet dans votre tête. Une fois que vous y êtes parvenu, maintenez l'image dans votre tête pendant plusieurs secondes ou aussi longtemps que vous le pouvez. Lorsque vous ne parvenez plus à voir l'image, ouvrez les yeux. Essayez cet exercice plusieurs fois en plaçant l'objet devant vous. Ensuite, essayez de visualiser l'objet sans l'avoir regardé d'abord. Après votre visualisation, allez chercher l'objet et vérifiez si vous avez oublié certains détails.

Une fois que vous aurez réussi à visualiser un objet du quotidien, tentez le même exercice avec une plante d'intérieur. La difficulté avec une plante, c'est qu'elle change un peu chaque jour. Voyez si vous remarquez certaines différences de jour en jour et modifiez l'image visualisée la veille pour qu'elle reflète les changements. Ensuite, essayez l'exercice avec un animal ou le visage d'un ami. Il est important de parvenir à visualiser vos proches, si vous souhaitez un jour pratiquer la magie de guérison pour eux. En outre, c'est une excellente façon de vous exercer.

Exercice 4 : Le jeu de la fête d'anniversaire

Cet exercice s'appelle le jeu de la fête d'anniversaire parce que nous jouions toujours à ce jeu au cours des fêtes d'anniversaire lorsque nous étions petits. Peut-être y avez-vous aussi déjà joué.

Demandez à un ami de rassembler environ dix petits objets domestiques et de les déposer sur une table devant vous. Demandez-lui de vous laisser regarder les objets pendant 30 secondes, puis de cacher les objets avec un morceau de tissu. Pendant ces 30 secondes, examinez les objets aussi attentivement que vous le pouvez. Puis, lorsqu'ils sont cachés, essayez de vous souvenir de chaque objet et de sa position par rapport aux autres. Essayez de les voir dans votre tête. Au besoin, regardez encore 30 secondes. Une fois que vous aurez mémorisé les objets et leur disposition, demandez à votre ami de les déplacer, puis recommencez l'exercice. Le but de cet exercice n'est pas de mémoriser chaque objet comme si vous deviez passer un examen, mais plutôt de réussir à voir l'image de la pile d'objets dans votre tête.

Exercice 5 : La pièce autour de vous

Assoyez-vous sur une chaise, dans votre salon, fermez les yeux et essayez de visualiser la pièce. Dans votre tête, essayez de voir le plus de détails possible. Ensuite, ouvrez les yeux et notez les détails que vous avez omis. Fermez à nouveau les yeux et essayez d'améliorer votre image mentale en y ajoutant les nouveaux détails. Une fois que vous parviendrez à visualiser la pièce sans peine, changez de pièce ou essayez cet exercice au travail, dans l'autobus ou dans une allée d'épicerie — pourvu que vous puissiez fermer les yeux un instant sans foncer dans quelqu'un ni causer d'accident.

Une fois que vous serez devenu habile à visualiser, continuez tout de même à vous exercer. La visualisation, c'est comme l'entraînement physique : il faut continuer de s'entraîner si on veut maintenir ses habiletés à un niveau optimal. D'ailleurs, vous pourriez très bien vous exercer au centre sportif, pendant que vous vous ennuyez à faire des mouvements répétitifs pour votre cardio. Au lieu de regarder la télévision ou de naviguer sur Internet, essayez de vous rappeler les détails des personnes et des choses autour de vous. Mais de toute façon, que vous vous exerciez au centre sportif ou non, dès que vous commencerez à faire des rituels et du travail énergétique, vous ne manquerez pas d'occasions de vous exercer.

DEUX APTITUDES VITALES : L'ANCRAGE ET L'ÉCRAN DE PROTECTION

Avant d'aller plus loin dans le travail énergétique, vous devez absolument mettre à profit vos nouvelles aptitudes de visualisation pour apprendre deux techniques énergétiques incontournables : l'ancrage et l'écran de protection. Ces techniques vous aideront à rester maître de vous lorsque vous ferez du travail énergétique : elles vous permettront d'évacuer toute énergie excédentaire et de vous protéger contre les énergies non désirables.

L'ancrage

L'ancrage est probablement l'aptitude la plus importante, pour un wiccan. On l'appelle aussi parfois « mise à la terre » ou « ancrage et centrage ». La terre est une de nos principales sources d'énergie et, puisqu'elle est vivante, elle émet constamment de l'énergie. En outre, elle peut aussi emmagasiner et neutraliser l'énergie. Lorsque les wiccans se livrent à la magie, ils n'utilisent généralement pas leur propre énergie corporelle (ce que Cunningham appelait le « pouvoir personnel »), car ils ont besoin de cette énergie pour mener leurs activités de tous les jours. Ils vont donc puiser l'énergie de la terre (le pouvoir de la terre) et la faire monter dans leur corps.

De la même façon, lorsque les wiccans ont un surplus d'énergie, par exemple lorsqu'ils n'ont pas utilisé toute l'énergie mobilisée au cours d'un rituel important ou lorsqu'ils ont absorbé une énergie négative au cours d'une dispute, ils renvoient cet excédent d'énergie vers la terre. Cette technique s'appelle « ancrage ». Dans un système électrique, il s'agit de la prise de terre.

Beaucoup de wiccans entament systématiquement chaque rituel ou opération magique en s'ancrant dans le sol. Ainsi, ils évacuent les vibrations indésirables absorbées au cours de la journée, comme les tensions laissées par une réunion d'affaires particulièrement stressante ou l'irritation ressentie dans un bouchon de circulation. L'ancrage sert aussi à se connecter à la Terre mère, laquelle procurera l'énergie nécessaire au rituel. Lorsque vous vous ancrez pour vous débarrasser des mauvaises énergies absorbées durant la journée, ne soyez pas inquiet d'envoyer des énergies négatives ou mauvaises à la terre. Comme je l'ai déjà dit, la terre a la capacité de neutraliser les énergies. Ainsi, les énergies que vous lui envoyez seront transformées et se manifesteront ensuite sous une forme nouvelle.

Il est essentiel que vous sachiez vous ancrer avant de commencer à mobiliser de l'énergie dans votre corps ou de travailler avec elle. En magie, une règle très ancienne dit que vous ne devez jamais invoquer quoi que ce soit que vous ne parviendrez pas ensuite à faire partir. Le magicien qui a énoncé cette règle faisait référence aux esprits, aux démons ou à d'autres entités utiles, mais effrayantes, évoquées dans les grimoires magiques médiévaux. Mais en mentionnant cette règle, je veux surtout dire que, avant de mobiliser de l'énergie, il est très important que vous sachiez comment vous en débarrasser. En effet, en gardant cette énergie autour de vous ou en la laissant tourner en boucle autour de votre maison, sans direction ni but précis, elle causera toutes sortes d'effets indésirables, à commencer par la sensation de ne pas vous sentir dans votre assiette, et ce, tant et aussi longtemps que l'énergie ne se sera pas dissipée ou que vous ne l'aurez pas évacuée en vous ancrant.

Comment savoir si vous avez trop d'énergie ou si vous avez besoin de vous ancrer? Vous pourriez vous sentir distrait, étourdi ou «à côté de la plaque». Vous pourriez avoir mal au cœur ou être tendu, nerveux ou en colère. Certains auront même l'impression d'avoir bu un coup. S'il est vrai que ces états de conscience ne vous prédisposent pas à la pratique d'un rituel ou à la magie, rien ne vous oblige à réserver les techniques d'ancrage à la pratique de la magie ou d'un rituel wiccan. Ancrez-vous chaque fois que vous en éprouvez le besoin, peu importe la raison. Il m'est même déjà arrivé de m'ancrer juste avant une entrevue pour un emploi.

Les méthodes pour s'ancrer peuvent être infinies, mais je vais vous présenter celle que j'enseigne à mes étudiants. Nous utilisons cette technique dans le cadre d'une méditation, si bien qu'elle est un peu répétitive. Comme la répétition facilite la détente, il est ainsi plus facile de visualiser des images en vue de les graver dans l'inconscient. Peut-être aurez-vous envie de vous enregistrer pendant que vous lisez l'exercice à voix haute afin de faire l'exercice à l'aide de votre enregistrement par la suite. Si c'est le cas, vous remarquerez que j'ai indiqué les endroits où vous devez faire une pause. Ainsi, lorsqu'il est écrit «pause», il s'agit d'interrompre la lecture un instant, et non de cesser l'activité.

Exercice 6 : La racine

Comme pour les exercices précédents, installez-vous dans un endroit paisible où vous ne serez pas dérangé. Il n'est pas nécessaire d'être à l'extérieur, mais il faut que vous puissiez visualiser ou sentir la terre sous vos pieds. Assoyez-vous confortablement et détendez-vous. Prenez quelques respirations profondes. Quand vous vous sentirez calme et détendu, imaginez une grosse racine dorée et brillante partant de la base de votre colonne vertébrale et plongeant dans le sol pour atteindre le centre de la terre. La racine est pleine de vitalité et puise son énergie à même le noyau en fusion de la planète. Dans votre tête, voyez la racine, sentez-la, rendez-la aussi réelle que possible. Sachez qu'elle vous connecte à la terre, à la Déesse mère et à l'ensemble des êtres vivants. Pause.

Une fois que vous voyez la racine sur votre écran mental et que vous savez qu'elle existe en vous, faites doucement monter l'énergie de la terre vers la racine. Sentez ou voyez l'énergie monter le long de la racine jusqu'à la base de votre colonne vertébrale. Pause. Imaginez qu'une partie de l'énergie se dirige vers vos jambes, puis vers vos pieds. Sentez l'énergie circuler doucement dans vos jambes et dans vos pieds. Pause. Ensuite, imaginez que l'énergie se dirige vers votre colonne vertébrale. Sentez l'énergie monter doucement le long de votre colonne vertébrale. Pause. Imaginez que l'énergie se divise au sommet de votre colonne vertébrale et qu'elle descend vers vos bras et vos mains. Sentez l'énergie descendre doucement dans vos bras, puis dans vos mains. Pause. Enfin, imaginez que l'énergie monte vers le sommet de votre tête. Sentez tout votre corps vibrer sous l'effet de l'énergie de la terre. Sachez que vous êtes connecté à la terre et à tous les êtres vivants. Pause.

Maintenant que vous avez visualisé l'énergie qui inonde tout votre corps, imaginez que vous repoussez doucement l'excédent d'énergie se trouvant dans votre tête, vos bras, vos jambes et votre colonne vertébrale vers la racine, puis vers la terre. Tout en conservant votre énergie corporelle, visualisez toutes les énergies dont vous n'avez pas besoin redescendre le long de la racine pour être neutralisées par la terre. Sentez ces énergies quitter votre corps. *Vous ne vous videz pas de votre énergie, car l'énergie que vous dirigez vers la terre n'est pas la vôtre.*

Certains préfèrent rassembler l'énergie au sommet de la racine avant de la pousser vers la terre, tandis que d'autres préfèrent la pousser directement et simultanément vers la terre à partir des différentes parties de leur corps. Faites ce qui fonctionne le mieux pour vous.

À force de vous exercer, votre racine deviendra de plus en plus réelle. J'ai tout de suite compris que ma méditation fonctionnait le

jour où mes étudiants m'ont accompagnée dans un grand rituel
ouvert à tous. La personne qui dirigeait le rituel a d'abord invité
les gens réunis à s'ancrer en plantant leurs racines dans le sol. Tout
le monde était debout et nous formions un cercle avec beaucoup
d'autres personnes, et à l'instant où l'animateur a demandé de le
faire, j'ai senti les racines de tous mes étudiants plonger vers le sol,
les unes après les autres. C'était comme des dominos s'entraînant
dans leur chute. À en juger par les regards que nous ont lancés
certains des autres participants, je savais qu'ils l'avaient ressenti,
eux aussi.

Chaque fois que vous éprouvez le besoin de vous ancrer, vous
pouvez évacuer l'excédent d'énergie de votre corps en le poussant
dans votre racine. Exercez-vous à faire monter l'énergie, puis à la
retourner vers la terre de nombreuses fois avant d'entreprendre une
autre forme de travail énergétique ou de magie. À force de répéter
cet exercice, vous graverez l'image de la racine dans votre mental, si
bien qu'elle deviendra de plus en plus réelle pour votre inconscient.

Comme je l'ai déjà dit, il existe beaucoup d'autres techniques
pour s'ancrer. Si l'image de la racine ne vous convient pas, essayez-
en une autre. Voici une liste sommaire d'idées pour vous aider.
Essayez-les ou trouvez-en une autre qui vous interpelle davantage.

TECHNIQUES ET VISUALISATIONS RAPIDES POUR S'ANCRER

LA RESPIRATION. Respirez lentement et profondément, et imaginez qu'avec chaque expiration, vous faites sortir l'excédent d'énergie de votre corps. N'utilisez pas l'inspiration
pour faire entrer de l'énergie supplémentaire ; n'inspirez
que de l'air. N'oubliez pas de respirer lentement, car si
vous inspirez et expirez trop vite, vous augmenterez votre
niveau d'énergie plutôt que d'en évacuer l'excédent.

LE SECOUAGE DES MAINS. Visualisez que l'excédent d'énergie se dirige vers vos mains, puis secouez les mains comme si elles étaient mouillées et que vous vouliez les assécher. Toutefois, faites attention de ne pas diriger l'énergie vers d'autres personnes par inadvertance. Vous pourriez ainsi donner la nausée à quelqu'un.

L'ARBRE. Comme pour l'exercice précédent, visualisez l'excédent d'énergie se diriger vers vos mains. Touchez le tronc d'un arbre et imaginez que l'excédent d'énergie circule de vos mains vers l'arbre, qu'il descend le long du tronc, vers les racines, puis dans le sol. Cette technique m'a déjà sauvé la peau juste avant une audition extérieure avec ma chorale. J'ai appris au dernier moment que j'allais devoir exécuter un solo plutôt que d'avoir un simple rôle de choriste. Terrorisée, je me suis dirigée vers un chêne, qui a eu l'amabilité de me délivrer de mon trac. Dès l'instant où j'ai touché son tronc, j'ai senti la peur quitter mon estomac, parcourir mes bras et se diriger vers l'arbre, puis vers la terre. Je suis persuadée que ma performance aurait eu l'air de gazouillis affolés, si je n'avais pas d'abord pris la peine de m'ancrer.

LES PIERRES. La technique de l'arbre peut aussi être utilisée avec une pierre. Dans un des tiroirs de notre autel, nous laissons toujours un gros morceau de jais, acheté lors d'une exposition de pierres précieuses et de minéraux, pour ceux qui éprouvent le besoin de s'ancrer. Ils peuvent pousser l'énergie dans la pierre avec leurs mains ou même placer la pierre contre leur front et laisser l'énergie s'écouler de leur troisième œil — le centre énergétique situé sur le front, entre les sourcils — vers la pierre. Toutefois, il n'est pas nécessaire que la pierre soit grosse. Elle peut être assez petite pour que vous puissiez la glisser dans votre poche et la traîner avec vous. Je garde toujours un petit morceau de jais dans mon sac à main à cette fin. La croyance populaire veut que les pierres noires, comme le jais et l'obsidienne, soient les meilleures pour l'ancrage. J'ai cependant remarqué que l'hématite fonctionnait tout aussi bien. Par ailleurs, certains soutiennent que n'importe quelle pierre dure trouvée dans les bois ou aux abords d'un ruisseau fera l'affaire. Après vous être ancré avec la pierre, ancrez la pierre et videz-la des énergies que vous y avez envoyées en la mettant sous l'eau courante, dans un bol d'eau salée ou en la posant sur le sol, tout simplement. Une telle mesure n'est pas toujours nécessaire, mais comme vous avez pu le constater lors des exercices de perception de l'énergie, certaines pierres peuvent véritablement emmagasiner l'énergie (les cristaux, en particulier, sont comme des piles rechargeables). Si vous prévoyez réutiliser la pierre pour vous ancrer plus tard, ce serait une bonne idée de la vider. Il existe d'excellents livres décrivant les propriétés des pierres et beaucoup d'entre eux énumèrent les pierres utilisées pour l'ancrage. Pour plus de détails, consultez la liste des lectures suggérées.

L'EAU COURANTE. S'asseoir près d'une source d'eau courante ou y plonger les pieds est une autre excellente façon de s'ancrer. Vous pouvez aussi aller sous la douche et visualiser que l'excédent d'énergie sort de votre corps et est entraîné par l'eau. Se baigner dans l'eau courante est une très bonne solution de rechange, pour ceux qui ont la chance de vivre à proximité d'un ruisseau ou d'une rivière non polluée, ou même près de la mer. Soyez néanmoins prudent : si vous avez un trop-plein d'énergie et que vous vous sentez troublé ou étourdi, veillez à ce que quelqu'un soit à proximité de vous pour vous surveiller avant d'aller vous ancrer dans l'eau. La dernière chose que vous souhaitez est glisser dans votre douche et vous cogner la tête, ou encore être emporté par les remous. Dans ce cas, vous reconnecter à la terre prendra un tout autre sens !

LA NOURRITURE. Manger peut vous remettre les pieds sur terre en un instant. En effet, il est rare qu'on ait la tête qui tourne ou qu'on soit pris de vertiges, quand on a l'estomac plein. Si vous souhaitez prendre une bouchée en vue de vous ancrer, mangez tranquillement une petite portion d'aliments solides faibles en sucre et en caféine, car ces ingrédients ne feraient que vous rendre encore plus fébrile. Une tranche de fromage, de salami ou d'un bon pain nourrissant feront parfaitement l'affaire. Il n'est pas nécessaire que vous mangiez beaucoup pour vous sentir ancré. Au contraire, si vous mangez trop, vous risqueriez d'avoir des maux d'estomac. Beaucoup de rituels wiccans comportent un petit repas ou une collation cérémonielle pour aider les participants à rester bien ancrés.

LE CHEMIN LE PLUS COURT. Il s'agit probablement de la façon la plus simple de vous ancrer et elle ne requiert aucun matériel. Mettez-vous à quatre pattes et posez le front sur le plancher ou sur le sol. Imaginez que l'excédent d'énergie sort de votre front et s'en va directement dans le sol. Lors d'un énorme festival païen, j'ai assisté à un rituel et les personnes qui le dirigeaient avaient placé une grosse pierre plate pour que les gens puissent s'agenouiller devant elle et y poser le front. Vu que les rituels ouverts à tous peuvent être assez étourdissants, ne serait-ce qu'en raison du grand nombre de personnes présentes, la pierre était une excellente façon d'éviter que les gens quittent le lieu du rituel totalement désancrés.

L'écran de protection

En plus de l'ancrage, il est important de savoir former un écran de protection avant d'entreprendre des formes de travail énergétique plus avancées. Un écran de protection consiste essentiellement à créer autour de vous un champ d'énergie qui vous aidera à avoir le contrôle sur les énergies extérieures que vous laissez entrer et sur celles que vous émettez. Pour poursuivre mon parallèle avec *La guerre des étoiles*, l'écran de protection est semblable au champ de force entourant l'Étoile de la mort, c'est-à-dire une protection invisible qui peut être déployée ou retirée à volonté. Un écran de protection peut être créé de façon à garder toutes les énergies à l'extérieur, mais il peut aussi être semi-perméable et agir comme un filtre, c'est-à-dire qu'il laissera les énergies négatives à l'extérieur tandis que le reste pourra le traverser.

La plupart des gens possèdent un écran de protection naturel qui se met en place lorsqu'ils se sentent mal à l'aise ou effrayés. Peut-être votre mental a-t-il déjà érigé un écran de protection «jamais de la vie!», que vous dressez inconsciemment chaque fois qu'une personne repoussante s'assoit à côté de vous à l'heure de l'apéro. Ou peut-être avez-vous un écran de protection «je n'existe pas», que vous utilisez lorsque vous entrez dans une classe ou dans une salle de réunion sans être préparé et que vous espérez que votre professeur ou votre patron ne vous posera pas de questions sur le sujet traité. (Petit conseil : n'utilisez jamais votre écran de protection «je n'existe pas» lorsque vous conduisez une voiture. Vous avez plus de chances de revenir chez vous indemne si les autres automobilistes vous voient.) Ce type d'écran de protection, qui consiste à faire barrière aux énergies, est celui qu'on rencontre le plus souvent. Toutefois, il est possible que vous ayez aussi déjà utilisé un écran de protection qui visait à émettre une énergie particulière pour la projeter sur votre environnement, comme l'écran de protection «je suis bâti comme un athlète et je pourrais donner une raclée à Jet Li avec un bras attaché dans le dos, alors ne vous frottez pas à moi » la fois où vous marchiez seul, le soir, dans une rue mal éclairée.

Pourquoi utiliser un écran de protection ? En travaillant avec l'énergie et en s'exerçant à améliorer leurs habiletés psychiques, les wiccans deviennent plus sensibles au milieu ambiant et l'écran de protection leur permet de filtrer la « friture » énergétique ambiante. Vous ne voulez probablement pas absorber les vibrations de tous les gens autour de vous lorsque vous vous trouvez dans un restaurant bondé ou dans un centre commercial, le lendemain de Noël. Si vous avez une grande sensibilité psychique, vous pourriez vous sentir facilement submergé par le seul fait de vous trouver dans un lieu public particulièrement achalandé. Il arrive parfois aussi qu'on doive s'entretenir avec des personnes « toxiques », au boulot ou ailleurs. S'il n'est pas possible de les éviter, mieux vaut créer un écran de protection qui bloquera leur négativité et évitera qu'on s'en imprègne. Une fois qu'un wiccan a dressé son écran de protection pour bloquer les énergies extérieures, il peut se concentrer sur son rituel ou sa pratique magique sans subir d'interruption énergétique, et attirer vers lui seulement l'énergie dont il a besoin et qu'il souhaite recevoir.

Lorsque certains de mes étudiants wiccans m'entendent parler d'écran de protection pour la première fois, ils s'imaginent que je fais allusion à une véritable armure et ils s'inquiètent à l'idée de devoir se protéger contre des esprits maléfiques ou contre la magie noire pour faire leur travail énergétique. Ne vous inquiétez pas — aucune créature maléfique ni aucun esprit démoniaque ne viendront sonner à votre porte lorsque vous travaillerez avec l'énergie de la terre. Pour attirer de telles créatures — si elles existent vraiment —, il faudrait que vous pratiquiez une magie très noire. Vous croiserez peut-être aussi des gens qui vous diront qu'ils utilisent un écran de protection pour se protéger contre les « attaques psychiques », c'est-à-dire la magie négative dirigée vers eux. La plupart du temps, ce ne sont que des bêtises. Il est vrai que vous pouvez utiliser un écran de protection pour vous protéger de ce genre d'attaques, mais il est inutile de vous affoler en allant croire que les gens utilisent leurs pouvoirs psychiques contre vous. La plupart des gens en seraient incapables ou n'oseraient jamais faire une telle chose. C'est très difficile à faire et c'est très rare. Avec le rede et la loi du triple retour, tout bon wiccan y pensera à deux fois avant d'essayer de lancer une attaque psychique contre autrui. Si une personne vous dit qu'elle est la cible d'une attaque psychique, prenez sa déclaration avec un grain de sel. Certes, il se peut que ce soit vrai, mais dans la plupart des cas, les gens inventent ce genre d'histoires pour attirer l'attention.

Cela dit, un écran de protection est un outil important dont tout bon wiccan devrait disposer. Il est très facile d'en créer un.

Exercice 7 : Créer un écran de protection

Avant tout, choisissez l'image que vous utiliserez pour vous protéger. Par exemple, les wiccans utilisent souvent l'image d'une bulle qui entoure leur corps. D'autres s'imaginent revêtus d'une armure ou se voient entourés par un cercle de feu. Un de mes étudiants utilise l'image d'un château, avec ses douves et son pont-levis, et une de mes amies s'imagine qu'un énorme serpent s'enroule autour d'elle (sans l'étouffer, bien sûr !). Choisissez une image qui vous interpelle et que vous pouvez facilement vous représenter.

Une fois que vous aurez choisi votre image, assoyez-vous confortablement et détendez-vous. Ancrez-vous dans le sol et respirez profondément à plusieurs reprises. Imaginez qu'une boule d'énergie se trouve au sommet de votre racine. Donnez-lui une couleur qui représente pour vous la protection. Visualisez la boule d'énergie jusqu'à ce qu'elle vous semble réelle. Ensuite, donnez de l'expansion à cette énergie jusqu'à ce qu'elle englobe tout votre corps, puis faites-lui prendre la forme de l'image que vous avez choisie. Par exemple, si votre image est celle de la bulle, imaginez que l'énergie prend la forme d'une bulle bleue qui se gonfle à partir de votre corps, mais qui en dépasse les limites et englobe tout votre être. Par la visualisation, rendez votre bulle aussi réelle et vraie que possible. Imaginez que les énergies indésirables rebondissent sur sa surface. Levez-vous et déplacez-vous tout en vous assurant que votre écran de protection se déplace avec vous. Exercez-vous à dresser votre écran de protection pendant que vous accomplissez des tâches anodines, comme passer l'aspirateur ou brosser vos dents. Exercez-vous à faire cette visualisation jusqu'à ce qu'elle devienne absolument réelle pour vous.

Entraînez-vous régulièrement à dresser votre écran de protection dans un endroit paisible. Quand vous aurez l'impression d'y être parvenu, essayez de le faire dans un lieu public, et observez si les gens autour de vous réagissent différemment. N'oubliez pas que l'écran de protection a un rôle purement défensif et qu'il ne sert pas à projeter votre énergie sur autrui. Essayez de l'utiliser dans divers endroits et circonstances, et notez chaque fois si vous sentez quelque chose de différent. Ne vous exercez pas uniquement à dresser votre écran de protection ; apprenez aussi à le baisser. Pour ce faire, ramenez l'énergie pour qu'elle forme une boule au sommet de votre racine, puis poussez l'excédent dans votre racine. Amusez-vous à lever et à baisser votre écran de protection le plus vite possible. Exercez-vous dans un lieu bondé pendant qu'il y a beaucoup de distractions autour de vous.

Si l'image de la bulle ne vous convient pas, voici d'autres idées que vous pouvez essayer. Toutefois, n'oubliez pas que le meilleur écran de protection sera celui que vous créerez pour vous-même.

- Imaginez que vous êtes entouré d'un mur de briques. Bien qu'impénétrable, le mur est assez léger pour vous suivre partout.

- Imaginez que vous êtes entouré d'une boule ou d'un anneau de feu.

- Imaginez que votre peau est une surface réfléchissante et brillante sur laquelle rebondissent toutes les énergies indésirables.

- Imaginez que vous portez une cape à capuchon légère, mais impénétrable.

- Imaginez que vous êtes ceint d'une lumière protectrice de la couleur de votre choix.

- Imaginez que vous portez une combinaison protectrice énergétique.

- Imaginez que vous êtes entouré d'un fil de fer barbelé. (Utilisez cette image seulement si vous souhaitez que personne ne s'approche de vous.)

- Imaginez que vous êtes entouré d'un mur ou d'un anneau de glace.

Exercice 8 : Créer un écran de protection avec un partenaire

Maintenant que vous savez créer un écran de protection efficace, essayez de vous exercer avec un partenaire pour voir si vous pouvez percevoir l'écran de protection de l'autre. Assoyez-vous sur une chaise ou sur le sol, face à face. Pour commencer, gardez vos écrans de protection baissés. Demandez à votre partenaire d'avancer lentement ses mains vers vous et de s'arrêter lorsqu'il sentira votre écran de protection naturel. Il ne s'agit pas de l'écran de protection que vous avez créé pour vous protéger, mais bien de votre champ énergétique naturel. Chez certains, ce champ se trouve à plusieurs centimètres de leur corps, tandis que chez d'autres, il est très près de la peau. Pour le percevoir, vous sentirez une légère résistance. Une fois que votre partenaire aura senti votre écran naturel, essayez de percevoir le sien.

Ensuite, dressez vos écrans de protection sans dire à l'autre l'image que vous utilisez. Envoyez une bonne quantité d'énergie dans votre écran de protection. Projetez votre énergie vers l'extérieur, comme si vous vouliez vous protéger, mais n'oubliez pas que le but n'est pas de projeter votre énergie vers votre partenaire comme si vous vouliez l'attaquer. À nouveau, demandez à votre partenaire d'avancer lentement ses mains vers vous et d'arrêter lorsqu'il sentira votre écran de protection. Demandez-lui de décrire la sensation qu'il perçoit. Cette sensation est-elle différente de celle correspondant à votre écran naturel ? Peut-il deviner l'image utilisée ? Ensuite, inversez les rôles et essayez de percevoir l'écran de protection de votre partenaire et de deviner l'image qu'il a visualisée. Quand vous aurez terminé, ancrez-vous.

N'OUBLIEZ PAS DE VOUS EXERCER !

Je sais que je l'ai déjà mentionné, mais je ne le répéterai jamais assez : exercez-vous, encore et encore ! Exercez-vous à visualiser, à vous ancrer et à dresser votre écran de protection. Lorsque vous faites ces exercices, vous entraînez votre mental en vue de procéder à des rituels et à la magie, notamment. Gravez ces habiletés dans votre cerveau jusqu'à ce que vous puissiez y faire appel n'importe où, n'importe quand et sans réfléchir. Vous en aurez besoin pour explorer la transe, la méditation et la visualisation guidée, trois pratiques particulièrement puissantes et polyvalentes utilisées par les wiccans.

4

LA TRANSE, LA MÉDITATION ET LA VISUALISATION GUIDÉE

Chez les wiccans, la transe, la méditation et la visualisation guidée servent à former le mental et à utiliser l'inconscient de façon à mieux maîtriser les pouvoirs mentaux. Les wiccans utilisent une de ces techniques ou toutes les trois pour diverses raisons : exercer leur mental, s'ancrer, communiquer avec les dieux, faire de la magie, interpréter leurs rêves, faire un voyage chamanique, créer un temple astral, pratiquer la guérison ou tout simplement se détendre en profondeur. Nous aborderons quelques-unes de ces pratiques un peu plus loin dans ce chapitre.

La méditation et la visualisation guidée consistent à entrer dans un léger état de transe et à utiliser la visualisation pour créer une image dans sa tête. La principale différence entre ces deux techniques, du moins aux fins du présent livre (vous trouverez ailleurs d'autres définitions), est que la visualisation guidée comporte généralement un voyage guidé vers un lieu précis et qu'il est entrepris avec un objectif précis, tandis que la méditation est beaucoup moins encadrée et n'inclut pas nécessairement de voyage.

La première étape pour entamer une méditation ou une visualisation guidée consiste à se détendre et à se laisser glisser vers un léger état de transe. Mais avant tout, vous devez savoir comment entrer en transe.

LA TRANSE

La transe est un état de conscience légèrement modifié, un état intermédiaire entre la veille et le sommeil. L'état d'hypnose, par exemple, est une forme de transe. Vous êtes habituellement dans un léger état de transe lorsque vous rêvassez ou que vous êtes totalement captivé par la télévision. Durant la transe, la conscience n'est pas tout à fait absente, même si on a parfois cette impression. Elle est simplement occupée ailleurs, ce qui donne à l'inconscient une plus grande liberté d'action.

Les techniques de transe facilitent la pratique du travail énergétique parce qu'elles permettent de contourner la conscience et ses aspects logique, sceptique et analytique pour accéder plus directement à l'inconscient. Comme je l'ai mentionné au chapitre 3, l'énergie suit la pensée, et si vous gravez des images dans votre inconscient, elles deviendront votre réalité. Alors, si vous pouvez utiliser la transe pour accéder à votre inconscient et le convaincre que votre objectif est déjà devenu réalité, vous augmenterez vos chances de réussite lorsque vous pratiquerez la magie ou lorsque vous utiliserez la transe pour atteindre un objectif.

Quelle est la meilleure façon d'entrer en transe sans avoir besoin d'un ami qui balance un pendule devant nous en disant « Vos paupières sont lourdes » ? Comme pour l'ancrage, il y a autant de façons d'entrer en transe que de personnes qui veulent le faire. Mais avant tout, préparons le terrain.

Lorsque vous essayez les exercices de transe pour la première fois, vous devez porter une attention particulière au milieu ambiant. Tout comme pour les exercices du chapitre 3, vous devez choisir un endroit paisible où vous pourrez vous exercer sans vous faire déranger. Lorsque vous faites un exercice de transe, il est particulièrement important de vous sentir en sécurité dans l'endroit choisi. Durant une transe, vous ne courez aucun risque, mais vous êtes tout de même plus vulnérable aux énergies ambiantes, car la conscience — qui, en temps normal, vous ferait ignorer les énergies indésirables, les bruits et autres distractions — prend une petite pause. En parlant de distractions, si vous avez un animal de compagnie, assurez-vous qu'il n'est pas dans la même pièce que vous. Beaucoup d'animaux adorent le travail énergétique et ils peuvent être une véritable nuisance (une nuisance agréable, mais tout de même...) lorsque vous essayez d'entrer en transe ou de faire de la magie. Chaque fois que mon mari reçoit des clients à la maison pour leur donner un massage et qu'il oublie de fermer la porte, ma vieille chatte va s'étendre à côté du client en le touchant de ses pattes. Il semble qu'elle aime bien la vibration qu'ils dégagent lorsqu'ils se trouvent dans un état de transe.

En plus d'être sécuritaire, l'endroit que vous choisirez pour la transe doit être confortable. Fermez les rideaux et tamisez l'éclairage. Lorsque vous fermez les rideaux et réduisez l'éclairage avant d'aller dormir, vous indiquez à votre cerveau que sa partie consciente va se reposer un instant. Or, le sommeil est comparable à un état de transe profond. Il peut être intéressant de travailler à la lueur d'une chandelle, car il y aurait ainsi assez d'obscurité pour induire la transe, mais assez de clarté pour rappeler à la plupart des gens de rester éveillés. Par contre, si vous choisissez d'utiliser une chandelle, assurez-vous qu'elle se trouve dans un endroit sécuritaire et que le bougeoir est parfaitement stable, au cas où vous vous endormiriez.

Vous pouvez aussi faire jouer un peu de musique douce pendant votre exercice de transe. Certains trouvent que la musique les aide à plonger dans un état de transe plus facilement, tandis que d'autres trouvent au contraire que la musique les distrait. L'avantage, avec la musique, c'est qu'elle couvre les bruits extérieurs, comme le bruit de la circulation ou les bruits produits par les autres personnes dans la maison. Vous pouvez ensuite choisir d'ignorer la musique (il est plus facile d'ignorer un seul bruit que d'en ignorer plusieurs) ou de l'écouter, selon votre préférence. Cette technique fonctionne particulièrement bien si vous utilisez des écouteurs. Si vous avez envie d'en mettre, optez pour une musique répétitive, car votre cerveau s'y habituera en peu de temps et ne sera pas stimulé par l'introduction de nouveaux sons ou par des changements mélodiques. Chez moi, nous utilisons un enregistrement avec des moines tibétains qui chantent le son « om ». Bien que cet enregistrement soit extrêmement ennuyeux à écouter en soi, ces sons répétitifs sont parfaits pour induire la transe. Je vous conseille aussi de choisir une musique instrumentale pour éviter que le cerveau n'interrompe sa transe en essayant de suivre les paroles.

Une fois que vous avez préparé votre pièce, assoyez-vous confortablement, ancrez-vous et dressez votre écran de protection. Pendant que le gardien de sécurité — votre conscience — sirotera tranquillement des *mojitos* sur la plage, mieux vaut mettre un système d'alarme, juste au cas. J'aimerais insister à nouveau sur le fait que votre écran de protection ne vise pas à vous protéger des énergies négatives, mais bien à faire écran aux énergies et aux sons susceptibles de vous distraire. Vous pouvez ajuster votre écran de protection pour qu'il bloque le bruit et les énergies. Après tout, c'est votre écran de protection. Il est aussi réel que vous êtes prêt à le croire et vous pouvez le programmer comme bon vous semble.

Ensuite, fermez les yeux ou laissez vos yeux se détendre et votre regard s'embrouiller légèrement, puis prenez plusieurs respirations profondes. Sentez votre corps se détendre davantage à chaque respiration. Une fois que vous vous sentirez détendu et bien ancré, essayez une des techniques d'induction de transe. Avant de commencer, toutefois, si vous craignez d'entrer dans une transe profonde et d'avoir du mal à revenir, essayez une de ces deux techniques. Vous pouvez régler un réveil pour qu'il sonne après un certain laps de temps (5 à 10 minutes, si vous êtes un débutant ;

15 à 20 minutes, si vous êtes expérimenté). Vous pouvez aussi demander à quelqu'un de venir cogner à votre porte à un moment convenu. Le bruit du réveil ou les coups sur la porte devraient vous ramener à la réalité instantanément. Les chances que vous alliez quelque part et que vous ne soyez plus capable de revenir sont très minces. Par contre, si cette idée vous effraie, votre peur pourrait nuire à votre séance de transe.

Voici une courte liste de techniques pour entrer en transe. Gardez en tête que, encore une fois, la meilleure technique sera celle que vous inventerez pour vous-même. Alors, utilisez ces idées pour élaborer votre propre méthode.

Techniques de base pour induire la transe

LA RESPIRATION CARRÉE. Les exercices de respiration sont idéaux pour faire le plein d'énergie et induire la transe. Pour faire la respiration carrée, inspirez doucement en comptant jusqu'à quatre, retenez votre souffle en comptant jusqu'à quatre, puis expirez en comptant jusqu'à quatre. Recommencez. Vous devez compter très lentement. La respiration et le fait de compter vous aideront à entrer dans un état de conscience légèrement modifié.

LA CHANDELLE. Laissez votre regard s'embrouiller légèrement, puis contemplez la flamme vacillante d'une chandelle. Vous pouvez faire la même chose lorsque vous êtes assis autour d'un feu de camp ou devant un feu de cheminée, mais en premier lieu, assurez-vous que vous êtes en sûreté. Il n'est jamais trop prudent d'avoir un extincteur à portée de la main lorsque vous manipulez des chandelles ou du feu.

LE BOL D'EAU. Contemplez la surface d'un bol d'eau ou la réflexion de la flamme d'une chandelle sur la surface de l'eau.

LE CAHIER. Fermez vos yeux et visualisez un cahier avec des pages lignées. Dans votre tête, imaginez que vous écrivez sur une des lignes « je suis en transe ». Visualisez un crayon imaginaire traçant chacune des lettres de la phrase. Continuez d'écrire la phrase sur les lignes suivantes.

LE LABYRINTHE. Fermez les yeux et imaginez que vous vous trouvez dans les couloirs tortueux d'un labyrinthe. Comme dans le mythe de Thésée et du Minotaure, vous tenez l'extrémité d'une corde dorée dans votre main. La corde serpente dans les couloirs jusqu'au centre du labyrinthe. Suivez la corde jusqu'au centre du labyrinthe. Une fois rendu, vous serez en transe.

L'ESCALIER. Imaginez que vous montez ou que vous descendez un escalier en spirale et que chaque tour vous plonge davantage dans un état de transe.

L'ENCENS À L'ARMOISE. Cette technique fonctionne de deux façons. Tout d'abord, il semble qu'un des composés chimiques de l'armoise induise la transe. Il n'y a absolument aucune ressemblance entre le fait de faire brûler de l'armoise et celui de fumer de la marijuana ou de prendre de la drogue. Son effet est subtil (et l'armoise est légale). Elle est très pratique lorsqu'on veut faire de la magie, car elle facilite la transe tout en nous permettant de garder le contrôle. Vous pouvez aussi entrer en transe en laissant votre regard s'embrouiller et se fixer sur la fumée.

LE CRISTAL. Trouvez un cristal à plusieurs pointes ou une pierre avec des taches irrégulières. Laissez votre regard s'embrouiller légèrement, puis regardez les pointes ou les taches. Vous pouvez aussi fixer le reflet d'une chandelle sur les facettes du cristal.

L'EAU QUI GARGOUILLE. Si vous avez une fontaine d'intérieur, laissez votre regard s'embrouiller légèrement, puis regardez l'eau qui gargouille. Notez que chez certaines personnes, le bruit de l'eau courante leur donne instantanément envie d'aller uriner, ce qui n'est pas très pratique lorsqu'on essaie d'entrer en transe.

L'EAU QUI TOURBILLONNE. Visualisez de l'eau s'écoulant en tourbillon dans un drain ou ouvrez un robinet et regardez vraiment l'eau qui tourbillonne. Toutefois, cette technique pourrait elle aussi vous donner envie d'aller uriner.

LES POISSONS DANS UN AQUARIUM. Laissez votre regard s'embrouiller légèrement, puis regardez les poissons dans l'aquarium. Je sais que cette idée peut sembler farfelue, mais elle fonctionne! Ce n'est pas un hasard si beaucoup d'Asiatiques possèdent des aquariums chez eux — les aquariums sont dotés d'une grande énergie (*chi*) et sont très relaxants. Le jour de notre déménagement, mon mari, moi et le groupe d'amis qui nous avaient donné un coup de main étions tellement fatigués que nous nous sommes assis dans le salon pour nous détendre devant l'aquarium pendant plusieurs minutes. Nous nous sommes rendu compte à un moment donné que nous étions tous tombés dans une sorte de transe hypnotique, induite par les poissons et la fatigue.

LA SPIRALE. Dessinez une spirale sur une feuille de papier, puis suivez la spirale avec votre doigt. Regardez le bout de votre doigt qui tourne sans arrêt le long de la spirale. Cette méthode fonctionne mieux à la lueur d'une chandelle. J'ai une spirale en argile qui ne sert qu'à ça. Ses rainures sont juste assez larges pour y glisser un doigt. Notez que certaines personnes qui n'ont pas l'habitude d'entrer en transe ont parfois du mal à y parvenir en bougeant une partie de leurs corps, comme un doigt. Alors, vous devriez peut-être essayer les autres suggestions, pour commencer.

Techniques plus avancées pour induire la transe

Ces techniques sont plus avancées parce qu'elles font appel à des mouvements ou nécessitent une formation, ou les deux.

LE TAMBOUR. Le son répétitif du battement d'un tambour produit une vibration relaxante qui fait doucement entrer en transe. Ne jouez pas trop vite, car au lieu d'induire la transe, vous augmenterez votre niveau d'énergie. Imaginez plutôt que votre pouls ralentit de plus en plus au rythme du tambour.

LA DANSE TRANSE. Si vous avez déjà assisté à une fête païenne ou wiccane, vous avez sûrement vu des gens jouer du tambour et danser autour d'un feu. La danse est une des façons les plus agréables d'entrer dans un état modifié de conscience. Vous pouvez danser seul, au beau milieu d'une discothèque bondée ou au clair de lune, avec des amis. Tourner sur place — un peu comme le font les « derviches tourneurs » dans le soufisme — est aussi une façon assez rapide d'entrer en transe. Par contre, soyez très prudent, car il est facile de perdre l'équilibre et de foncer dans un meuble (à l'intérieur) ou de tomber dans le feu (à l'extérieur). Si vous voulez en savoir davantage sur la danse transe, lisez *La danse des 5 rythmes*, de Gabrielle Roth.

LE TAI-CHI ET LE CHI KUNG. Si vous avez déjà pris des cours de tai-chi ou de chi kung, vous savez que ces pratiques consistent notamment à induire une transe légère. Mon mari et moi estimons que ces pratiques nous en apprennent tellement sur le corps, l'énergie et la transe que nous exigeons de la part de nos étudiants qu'ils apprennent les rudiments de l'un ou de l'autre.

ARRÊTER LE BAVARDAGE INTÉRIEUR

La concentration est essentielle à la visualisation, à la transe et à la magie. Au fil de vos exercices de transe, vous avez sûrement remarqué que vous avez parfois du mal à vous concentrer parce que votre conscience bavarde en arrière-plan : elle pense à la liste des choses à faire, elle rejoue la scène d'une ancienne querelle avec votre ex ou dresse la liste des choses à apporter en voyage. La conscience papote au sujet de tous ces petits détails qui la préoccupent et l'obsèdent. Plusieurs des techniques que je vous ai proposées pour entrer en transe vous aideront à calmer ce bavardage intérieur, plus particulièrement la respiration carrée, l'écoute de la musique avec des écouteurs et l'exercice du cahier. En effet, ces techniques stimulent juste assez le cerveau pour vous permettre d'oublier ce qui vous entoure, mais pas au point de vous empêcher de vous détendre et d'entrer en transe. Voici quelques suggestions qui vous aideront à calmer votre bavardage intérieur avant d'entamer une technique de transe ou une méditation. Il existe de nombreuses façons d'y parvenir, alors si mes suggestions ne vous conviennent pas, essayez-en d'autres. Vous saurez certainement trouver celle qui vous convient.

L'ÉVACUATION DU BAVARDAGE INTÉRIEUR. Procurez-vous un cahier et écrivez-y tout ce qui vous passe par la tête. Écrivez sans arrêt, jusqu'à ce que vous n'ayez plus rien à écrire. Vous pouvez aussi utiliser votre imagination et vous visualiser en train d'écrire, au lieu de le faire réellement.

L'ÉLIMINATION DU BAVARDAGE INTÉRIEUR AVEC L'EAU. Visualisez-vous dans une rivière et imaginez que l'eau lave toutes les pensées superflues qui circulent dans votre tête.

UNE AUTRE VERSION DE LA RESPIRATION CARRÉE. Plutôt que de faire lentement le cycle inspiration, apnée, expiration et apnée, faites-le lentement la première fois et rapidement la deuxième fois. Continuez l'exercice en alternant les deux vitesses.

LA RESPIRATION DU TROISIÈME ŒIL. Respirez lentement et profondément en imaginant que l'air circule à travers votre troisième œil, le centre énergétique situé sur votre front, entre les sourcils.

Si vous ne parvenez pas du tout à calmer votre bavardage intérieur, peut-être est-ce le signe que le moment est mal choisi pour faire un exercice de transe et que vous avez quelque chose d'important à régler. Dans ce cas, il serait préférable de régler ce problème d'abord.

LA TRANSE AVEC UN GUIDE DE VOYAGE : LA MÉDITATION ET LA VISUALISATION GUIDÉE

La méditation et la visualisation guidée s'inscrivent dans la continuité des exercices de visualisation et de transe déjà effectués. La méditation peut prendre diverses formes, mais dans ce livre, la méditation signifiera que vous vous concentrez sur une image ou sur un objectif pendant un état de transe. La visualisation guidée, quant à elle, consiste à entreprendre un voyage intérieur pendant un état de transe.

La méditation

La méditation, c'est un peu comme une longue visualisation, pratiquée dans un contexte particulier. Elle a un effet très positif sur notre habileté à faire de la magie et sur notre épanouissement personnel, car, comme je l'ai déjà dit, le fait de se concentrer sur une image pendant un état de transe permet de graver cette image dans le mental. Les wiccans méditent sur des images pour diverses raisons, entre autres pour :

EXERCER LE MENTAL. Puisque la méditation signifie qu'on maintient une image dans sa tête pendant un long laps de temps, elle renforce l'habileté à focaliser et à aiguiser l'attention.

PRATIQUER LA MAGIE OU LA GUÉRISON. Ces deux pratiques requièrent une aptitude pour la concentration et la visualisation, et la méditation et la transe permettent d'améliorer ces aptitudes. Souvent, un wiccan méditera sur la visualisation d'un objectif — par exemple, l'obtention d'un nouvel emploi — au cours d'un rituel magique effectué à cette même fin. En plus de suivre un traitement médical pour soigner une entorse à la cheville, les wiccans peuvent méditer sur une image mentale de l'enflure qui diminue. Très souvent, les wiccans allumeront une chandelle et méditeront pour aider la guérison d'un proche hospitalisé.

« PROGRAMMER » UN RÊVE. Cette technique agit un peu comme la formule « demandez et vous recevrez ». Juste avant d'aller au lit, méditez et posez une question à votre inconscient. Il vous répondra pendant votre sommeil, dans un rêve.

OBTENIR UNE INFORMATION. Cette technique ressemble à la précédente, sauf que la réponse vous sera donnée différemment, par exemple, sous la forme d'une inspiration soudaine ou grâce à vos perceptions psychiques.

Exemple de méditation pour atteindre un objectif

L'exemple qui suit montre comment on peut utiliser la méditation en vue d'atteindre un objectif. Vous pouvez modifier ce modèle de méditation à votre guise en vue de l'utiliser dans n'importe quelle situation.

Supposons que vous souhaitez faire une méditation pour obtenir le meilleur résultat possible à votre examen d'admission à l'université, ou tout autre examen important. Vous pouvez faire ce qui suit :

1. Avant tout, étudiez ! Même si la méditation est un outil puissant, vous devez aussi prendre des mesures concrètes pour atteindre votre objectif.

2. Trouvez un endroit sécuritaire et tranquille pour votre méditation. Débranchez le téléphone. Mettez une note disant « ne pas déranger » sur votre porte. Détendez-vous.

3. Dans votre tête, créez une image qui représente l'obtention d'un excellent résultat à votre examen. Par exemple, cela pourrait être l'image de quelqu'un qui vous serre la main pour vous féliciter ou l'image de votre résultat en tant que tel. Plus l'image est importante pour vous, mieux c'est.

4. Utilisez une des techniques du chapitre 3 pour vous ancrer. La visualisation de la racine est une excellente façon de s'ancrer avant une méditation.

5. Utilisez une des techniques de transe du présent chapitre pour entrer dans un état légèrement modifié de conscience. La technique de la chandelle ou du bol d'eau pourrait être particulièrement appropriée, dans ce cas-ci.

6. Détournez votre attention de la technique de transe utilisée pour la reporter sur l'image devant représenter votre bonne

note à l'examen. Par exemple, si vous fixez la flamme d'une chandelle, commencez à voir votre image dans la flamme, imaginez que la flamme devient votre image ou fermez doucement les yeux pour visualiser votre image sur votre écran mental. Concentrez-vous sur l'image. Laissez l'image devenir de plus en plus nette. Rendez l'image la plus réelle possible.

7. Après un certain temps, cessez de visualiser l'image et ancrez-vous.

8. Répétez cette méditation une fois par jour, pendant plusieurs jours, pour bien graver l'image dans votre mental.

9. Vous pouvez modifier ces instructions afin de travailler sur n'importe quel objectif déjà énuméré, et bien d'autres encore.

La visualisation guidée

Maintenant que vous vous êtes exercé à vous concentrer sur une seule image, vous pouvez pousser l'expérience un peu plus loin avec la visualisation guidée. Tout comme pour la méditation, vous entamerez votre visualisation guidée en vous ancrant, en vous détendant et en entrant dans un état de transe. Par contre, une fois en transe, plutôt que de vous concentrer sur une seule image, vous laisserez votre mental entreprendre un voyage guidé sur une voie ou vers une destination que vous aurez préalablement choisie. Au chapitre 1, lorsque j'ai parlé du travail de Mircea Eliade sur le chamanisme, j'ai évoqué la manière dont les chamans utilisent les états modifiés de conscience pour voyager le long de l'Arbre Monde vers le monde souterrain ou l'autre monde pour puiser des renseignements d'origine paranormale ou divine. Ce genre de voyage est une forme de visualisation guidée. Les wiccans utilisent la visualisation guidée, entre autres, pour :

COMMUNIQUER AVEC LES DIEUX. Les dieux sont présents sur Terre, mais il est plus facile de les contacter en allant vers eux — dans l'autre monde, dans les sphères spirituelles.

Au cours d'une méditation, vous pouvez voyager vers les mondes des dieux et ainsi en apprendre davantage sur eux. Au cours d'une visualisation guidée, ils peuvent vous montrer ou vous enseigner des choses qu'on pourrait difficilement expérimenter sur le plan terrestre.

CONSTRUIRE UN TEMPLE ASTRAL. Un temple astral est, du moins aux fins du présent livre, un lieu que vous créez dans votre mental et où vous vous rendez pour pratiquer la magie ou communiquer avec les dieux, entre autres. Si vous souhaitez faire des visualisations guidées vers votre temple astral, vous aurez probablement besoin de vous y rendre à plusieurs reprises afin que votre temple gagne en réalisme et en netteté. Ensuite, vous pourrez vous y rendre quand vous le souhaitez.

OBTENIR DE L'INFORMATION. Vous pouvez utiliser la visualisation guidée pour rencontrer des guides et leur poser des questions. Par exemple, vous pouvez planifier un voyage afin de rencontrer votre Moi intérieur (la personnification de votre inconscient) et lui demander de vous indiquer la source d'une douleur physique. Vous pouvez aussi rendre visite à l'esprit d'un animal ou d'un humain qui habite un lieu sacré pour en apprendre davantage sur la signification de cet endroit. Vous pouvez aussi utiliser la visualisation guidée pour rencontrer l'esprit des défunts, leur parler et obtenir des renseignements.

Une des règles essentielles qu'il faut absolument respecter lorsqu'on fait une visualisation guidée, c'est d'entreprendre le voyage à partir d'un lieu précis et de le terminer de la même façon qu'il a commencé. Par exemple, certains entament leur voyage en visualisant une porte ou un portail qu'ils franchiront à nouveau pour revenir à la vie de tous les jours. D'autres entreprennent leur voyage en traversant un tunnel qu'ils réempruntent pour revenir.

Vous devez revenir par le même chemin que celui emprunté au début de votre méditation parce que vous signifiez ainsi à votre mental que vous avez l'intention de revenir à la réalité. Il est important de bien marquer cette transition pour vous assurer que vous reviendrez complètement et que vous ne garderez pas un pied dans l'autre monde et l'autre sur terre. Lorsque vous commencez une visualisation guidée, c'est votre dimension psychique ou spirituelle qui entreprend le voyage, et non votre dimension physique. Ainsi, à la fin de la visualisation guidée, vous devez vous assurer que votre dimension psychique revient bien dans votre dimension physique. Si la connexion ne se fait pas, vous pourriez vous sentir désorienté, étourdi, nauséeux, perplexe ou incomplet, à défaut de trouver un meilleur mot. Eliade affirme que les chamans ont toujours été considérés comme un peu fous parce qu'ils se trouvent simultanément dans les deux mondes et donc jamais totalement dans l'un ni dans l'autre. Mais ne vous inquiétez pas ! Si jamais vous vous égarez au cours d'une visualisation guidée, vous ne deviendrez pas un chaman fou pour autant. Si vous n'êtes pas complètement revenu d'une visualisation guidée, vous n'avez qu'à retourner dans votre visualisation guidée, à repasser le portail (ou toute autre image que vous avez utilisée), à visualiser que vous ramenez la partie de vous-même laissée derrière, puis à revenir sur vos pas de façon nette et délibérée. Une fois de retour à la réalité, ancrez-vous solidement.

Si l'idée d'avoir du mal à revenir d'une visualisation guidée vous effraie vraiment, essayez le truc de Thésée que j'ai mentionné dans ce chapitre. Lorsque vous entamez votre visualisation guidée, attachez l'extrémité d'une corde ou d'un fil doré au portail et l'autre bout à votre poignet. Si jamais vous vous perdez ou que vous vous désorientez au cours de la visualisation guidée, vous n'aurez qu'à suivre le fil. (J'ai constaté qu'il était préférable d'utiliser un fil plutôt que de semer des morceaux de pain, comme Hansel et Gretel.)

Une autre solution consiste à avoir quelqu'un dans la même pièce que vous pendant que vous faites votre visualisation guidée. Cette personne pourra ensuite vous guider avec sa voix vers votre point de départ, si jamais vous vous égarez.

Une autre raison pour laquelle il est important de toujours utiliser le même point de départ et d'arrivée est que votre mental s'habituera à ce lieu et que vous pourrez éventuellement vous y rendre sans aucune difficulté, même si vous n'avez pas apporté la corde dorée. Cette simple habitude vous permettra d'entamer votre visualisation guidée et de regagner votre point de départ avec beaucoup plus de facilité. De plus, vous consacrerez moins de temps et d'énergie à la phase d'induction (la façon dont vous entamez votre voyage lorsque vous faites une visualisation guidée) et davantage au voyage comme tel.

Créer une visualisation guidée

Pour mettre en place une visualisation guidée, il faut d'abord préciser certains éléments de votre voyage, comme la raison pour laquelle vous l'entreprenez, le chemin que vous emprunterez ou votre destination, de même que la personne ou la chose que vous souhaitez rencontrer, s'il y a lieu. Gardez à l'esprit qu'au cours d'un tel voyage, vous ferez peut-être des rencontres imprévues. Vous devriez aussi choisir l'image que vous utiliserez durant la phase d'induction, c'est-à-dire la période de transition entre le monde matériel et le début du voyage. Vous pouvez utiliser l'image de la porte, du portail ou du tunnel, ou toute autre image vous convenant.

Une fois que vous aurez déterminé ces éléments, vous aurez en main la structure d'une histoire. (Vous trouverez plus loin un exemple des parties qui composent une visualisation guidée.) La structure d'une visualisation guidée comporte trois parties : la phase d'induction, qui correspond au moment où vous entrez en transe et où vous entamez votre visualisation guidée ; le développement, durant lequel vous accomplissez les gestes souhaités ; et la conclusion, c'est-à-dire le moment où la visualisation guidée prend fin. Dans plusieurs visualisations guidées, y compris dans celle donnée en exemple, l'induction et la conclusion sont très détaillées, tandis que le développement l'est très peu. En effet, il est impossible de prévoir tout ce qui pourrait se produire au cours d'une visualisation guidée. Si on pouvait tout prévoir, il n'y aurait aucun intérêt à faire cet exercice.

Mettez la structure de votre visualisation guidée par écrit. Ensuite, vous pourriez la lire à voix haute et l'enregistrer, afin que vous puissiez utiliser le son de votre propre voix pour vous accompagner dans votre visualisation guidée. Lisez votre texte lentement, en articulant bien, et marquez une pause entre la fin de l'induction et le début de votre vrai voyage. Si l'idée de vous enregistrer vous rebute, vous pouvez demander à un ami d'enregistrer la phase d'induction pour vous ou de vous la lire à voix haute au moment de faire votre visualisation guidée. Vous pouvez aussi tout simplement imaginer votre point de départ.

Les étapes de la visualisation guidée ressemblent beaucoup à celles de la méditation :

1. Installez-vous dans un endroit sécuritaire et tranquille. Débranchez le téléphone. Mettez une note disant « Ne pas déranger » sur votre porte. Détendez-vous.

2. Ancrez-vous au moyen d'une des techniques proposées au chapitre 3, préférablement une technique qui ne requiert aucun matériel.

3. Fermez les yeux, si ce n'est pas déjà fait. Démarrez votre enregistrement ou demandez à votre ami de commencer sa lecture. Vous pouvez aussi visualiser le point de départ de votre voyage. Dans la plupart des cas, le fait d'écouter ou d'imaginer la phase d'induction permet de glisser dans l'état de transe. Toutefois, si vous avez du mal à modifier votre état de conscience, essayez de faire la respiration carrée tout en écoutant l'induction.

4. Écoutez l'induction. Visualisez-vous devant votre porte, votre portail ou votre tunnel. Prenez le temps de rendre cet endroit bien réel dans votre tête. Approchez-vous de la porte, du portail ou du tunnel, et touchez-y. Notez à quel point la sensation est réelle.

5. Une fois que l'image de votre point de départ est bien enracinée dans votre esprit et que vous vous trouvez dans un léger état de transe, vous pouvez commencer votre voyage.

6. Tout au long de cette visualisation, soyez particulièrement attentif à tout ce que vous pouvez voir, toucher, sentir, entendre et goûter. Dites-vous que vous vous souviendrez de tous ces détails une fois que la visualisation prendra fin et que vous sortirez de votre état de transe. Parfois, l'information reçue au cours d'une visualisation guidée est subtile parce qu'elle est davantage contenue dans les petits détails rencontrés en chemin que dans les éléments plus marquants.

7. Si vous rencontrez un être au cours de votre visualisation guidée, que ce soit un humain, un dieu, une fée, un elfe, un esprit animal, un fantôme, un personnage mythologique ou autre chose, soyez respectueux ! N'essayez pas de le toucher ni de le caresser, si tel n'est pas son désir. Si on vous demande de ne pas toucher quelque chose, obéissez. Les êtres rencontrés durant une visualisation guidée évoluent sur un plan différent du nôtre, et les règles de bienséance n'y sont pas les mêmes. Restez respectueux et prenez bien le temps d'étudier la situation pour déterminer le meilleur comportement à adopter. Si vous suivez ces conseils, les êtres que vous rencontrerez seront plus susceptibles de vous aider et ils seront heureux de vous revoir lorsque vous reviendrez. Dites-vous que c'est un peu comme si vous étiez convié à un dîner officiel dans un pays étranger dont vous ignorez la langue ou les coutumes, et

agissez en conséquence. Et surtout, ne prenez jamais quoi que ce soit sans qu'on vous ait clairement indiqué que vous puissiez le faire. Après tout, si vous assistiez à ce dîner officiel, vous ne voleriez pas les fourchettes ! Les objets volés dans les sphères spirituelles ou pris à leur détenteur ont tendance à revenir hanter la personne qui les a volés. Alors, faites preuve de bon sens et observez les règles de bienséance.

8. Une fois que vous aurez terminé votre voyage, retournez à votre point de départ. Ramenez votre conscience vers le monde « réel » et ancrez-vous. Comme pour la méditation et la transe, si vous craignez d'avoir du mal à revenir, demandez à un ami de vous sortir doucement de votre transe ou programmez un réveil pour qu'il se déclenche à un moment précis. Toutefois, ces techniques ne vous ancreront pas. Vous devez absolument vous ancrer lorsque vous sortez d'une visualisation guidée.

L'exemple qui suit présente les parties d'une visualisation guidée. Il a été rédigé de sorte que vous puissiez le lire à voix haute dans le but de vous enregistrer ou que quelqu'un vous en fasse la lecture. Sachez qu'une visualisation guidée peut être beaucoup plus détaillée que celle-ci et que chaque instant peut être prédéterminé, si c'est ce que vous souhaitez. Elle peut aussi être beaucoup moins détaillée et ne comporter qu'une phase d'induction, suivie d'un laps de temps au cours duquel vous vous promènerez et vivrez les expériences qui se présentent, puis d'un retour à la réalité. Encore une fois, vous n'avez qu'à expérimenter pour déterminer la quantité de détails que vous souhaitez inclure dans votre visualisation guidée. Dans le texte, j'ai indiqué les endroits où vous devriez marquer une pause dans la lecture. Évidemment, le mot « pause » ne doit pas être lu à voix haute. J'ai aussi indiqué le début et la fin de la phase d'induction, du développement et de la conclusion pour vous donner un cadre de référence lorsque vous créerez vos propres visualisations guidées.

Exemple de visualisation guidée

[Début de l'induction.] *Fermez les yeux et détendez-vous. Pause. Inspirez profondément. Laissez votre corps se détendre davantage à chaque respiration, jusqu'à ce que vous vous sentiez très détendu, mais pas endormi. Pause. Laissez-vous glisser doucement dans un état de transe. Au besoin, pratiquez la respiration carrée jusqu'à ce que vous soyez tout à fait détendu et atteigniez l'état de transe. Pause.*

Écoutez attentivement ma voix et mes paroles. Respirez. Détendez-vous. Pause. Vous êtes sur le point d'entreprendre un voyage dans votre imaginaire, sur votre écran mental. Pour commencer, imaginez que vous vous trouvez aux abords d'une forêt dense, à la nuit tombée. Les feuilles bruissent doucement sous l'effet du vent et la pleine lune illumine le ciel. Le clair de lune vous permet de distinguer un sentier qui s'enfonce dans la forêt, juste devant vous. Sur votre droite, là où le sentier débute, vous apercevez un monticule de pierres de la taille de briques, d'environ un mètre de hauteur. Sur le dessus du monticule, une lanterne brille. Ce monticule représente le point de départ et d'arrivée de votre visualisation guidée. Touchez le monticule et rendez-le bien réel. Pause.

Commencez à suivre le sentier qui s'enfonce dans la forêt. Laissez la lanterne où elle est. Vous n'en aurez pas besoin, car la lune éclaire le sentier que vous parvenez à suivre sans peine. Vous sentez le sol s'enfoncer doucement sous vos pieds. Les arbres sont sombres et impressionnants, mais cette forêt ne vous inspire aucune crainte. Au contraire, vous la trouvez familière et réconfortante. Continuez à avancer vers le cœur de la forêt. Pause.

Bientôt, le sentier débouche sur une grande clairière baignée par le clair de lune. Vous voyez des lucioles scintiller dans les herbes, sur le pourtour de la clairière. Au centre de la clairière, vous apercevez une grosse pierre plate, assez large pour vous y asseoir. Vous traversez la clairière et vous vous assoyez sur la pierre, sous le clair de lune. Vous prenez conscience que ce lieu est sacré. Pause. [Note : Cela met fin à la phase d'induction, c'est-à-dire la partie de la visualisation guidée visant à induire la transe et à vous mener vers le lieu sacré où le travail s'effectuera.]

[Début du développement.] *Tandis que vous êtes assis sur la pierre plate, vous apercevez une femme qui sort d'entre les arbres et qui avance vers vous. Elle est vêtue d'une robe blanche vaporeuse et, sur son front, vous distinguez un bandeau argenté orné d'un croissant de lune. Vous pouvez difficilement déterminer son âge. Vous la regardez s'approcher de vous sans aucune crainte. Au contraire, vous vous sentez plutôt fébrile, car vous savez que cette femme aimerait vous transmettre des connaissances ou des renseignements. La femme s'arrête devant vous. Écoutez ce qu'elle a à vous dire.* Longue pause. [Laissez suffisamment de temps pour que la personne qui pratique la visualisation guidée puisse écouter le message au complet.]

Lorsque la femme a fini de parler, remerciez-la. La femme fait ensuite demi-tour et traverse à nouveau la clairière, puis disparaît entre les arbres. [Fin du développement.]

[Début de la conclusion et sortie de la visualisation guidée.] *Lorsque vous vous sentez prêt, levez-vous et traversez la clairière vers le sentier par lequel vous êtes arrivé. Lorsque vous aurez rejoint le sentier éclairé par la lune, commencez à revenir vers votre point de départ. Tout en marchant, repensez aux détails du message que la femme en blanc vous a livré. Continuez de marcher, tout en savourant la splendeur de la forêt et la douceur de la nuit.* Pause. *Devant vous, vous distinguez la lueur de la lanterne. Vous savez que vous êtes presque rendu. Vous arrivez enfin à l'orée de la forêt, là où la lanterne brille toujours, et vous touchez le monticule de pierres. Au contact des pierres, vous revenez immédiatement et complètement à la réalité.* [Fin de la conclusion.]

Dans cette visualisation guidée, remarquez que le travail s'effectue lorsque vous êtes dans la clairière, tandis que les déplacements dans la forêt, d'abord vers la clairière, puis vers votre point de départ, visent respectivement à induire la transe et à vous en faire sortir. Pratiquez cette visualisation guidée à quelques reprises, puis essayez de la modifier ou de créer la vôtre. Au lieu de vous rendre dans la clairière pour y rencontrer la femme en blanc, vous pourriez y rencontrer quelqu'un ou quelque chose d'autre. Vous pourriez aussi utiliser la pierre plate comme un autel et y effectuer un sortilège. La seule limite est votre imagination.

Vous pourriez tenir un journal pour noter vos expériences et les messages reçus. Avec le temps, vous remarquerez peut-être que vos messages contiennent un élément commun ou qu'ils s'additionnent pour former un message plus global. Il faut aussi savoir que, comme pour les rêves, il est parfois difficile de se souvenir de tous les détails d'une visualisation guidée. Aussi, plus vous attendez, plus vous risquez d'oublier les détails dont vous vous souvenez maintenant. (On observe la même chose avec les rituels. Ce phénomène s'appelle la « mémoire du cercle », mais on devrait plutôt l'appeler l'« oubli du cercle » !) La meilleure façon de vous souvenir des renseignements recueillis au cours d'une visualisation guidée, c'est de noter les détails de la visualisation guidée dès que celle-ci est finie.

Maintenant que vous vous êtes familiarisé avec les outils mentaux qui constituent la base de la pratique de la Wicca , plongeons dans la pratique en tant que telle.

5

LE CERCLE
L'espace sacré du wiccan

Les rituels wiccans et les pratiques magiques s'effectuent généralement dans un cercle. Le cercle est un espace sacré, au même titre qu'une église ou un temple, sauf qu'il est créé par l'énergie et la visualisation. Le cercle possède de nombreuses correspondances symboliques. Une des conceptions du cercle les plus communément répandues est qu'il serait un espace entre le monde matériel et le monde spirituel, étant donné que le wiccan évolue, pratique son art et fait ses dévotions dans ces deux mondes. Le cercle représente donc un lieu où les deux mondes coexistent sans pourtant exister. C'est un lieu hors du temps et de l'espace.

POURQUOI UTILISER UN CERCLE ?

En plus de délimiter l'espace sacré, le pourtour du cercle agit un peu comme votre écran de protection personnel. Lorsque vous dessinez ce cercle, vous pouvez déterminer les éléments qui seront autorisés à y pénétrer ou non. Le cercle peut tout retenir à l'extérieur, mais il peut aussi agir comme une membrane semi-perméable, laissant passer seulement certains éléments. Certains wiccans dessinent un cercle autour d'eux avant d'entreprendre une visualisation ou une méditation parce qu'ils croient que le cercle interceptera les énergies et les bruits extérieurs qui pourraient les déranger durant leur pratique. D'autres croient que le cercle empêche les entités ou les énergies négatives de pénétrer dans leur espace sacré. Il est vrai que l'espace sacré constitue un espace sûr. Cette notion provient entre autres de la magie cérémonielle : lorsque les magiciens cérémoniels invoquent les esprits, ils restent parfois à l'intérieur du cercle afin d'être protégés contre la chose invoquée. Ils peuvent aussi se placer à l'extérieur du cercle et faire apparaître l'esprit dans le cercle, encore une fois pour assurer leur sécurité ou pour maintenir l'esprit dans un endroit précis. Cette utilisation du cercle ne nous touche pas vraiment, puisque la plupart des wiccans n'invoquent pas le genre d'esprits qu'il serait préférable de garder en lieu clos (d'ailleurs, certains wiccans considèrent qu'il est irrespectueux d'enfermer un être de l'autre monde), mais il est tout de même pertinent de savoir que cette pratique existe.

Souvent, au cours d'un rituel, les wiccans mobilisent de l'énergie en vue de faire de la magie. Le cercle peut alors servir à contenir l'énergie jusqu'à ce qu'elle soit utilisée pour accomplir le rituel souhaité. Après tout, vous n'avez sûrement pas envie de travailler d'arrache-pied à mobiliser de l'énergie pour ensuite vous rendre compte qu'elle s'est dispersée partout autour de vous avant même que vous ayez pu l'utiliser. Une des choses que le cercle peut assurément retenir, c'est la chaleur : la chaleur dégagée par le corps des personnes dans le cercle, par les chandelles, par l'énergie ou par toutes ces choses à la fois. Si jamais vous deviez franchir la limite d'un cercle au cours d'un rituel, vous remarqueriez que l'air extérieur est plus froid que l'air du cercle et que son pourtour possède lui aussi sa propre texture énergétique. Toutefois, je ne vous recommande pas de sortir d'un cercle au cours d'un rituel ! On considère qu'il est particulièrement déplacé de franchir un cercle avant qu'il n'ait été défait. Non seulement ce geste viole le caractère sacré de cet espace, mais en plus, il interrompt la concentration et peut même créer un trou dans le cercle qui laisse entrer (ou sortir) des choses contre le gré de la personne qui pratique le rituel.

Sortir d'un cercle peut aussi produire d'autres effets bizarres. Un jour, alors que les membres de mon cercle étaient couchés en cercle pour faire une visualisation guidée, l'un d'eux s'est étiré pour se détendre et, ce faisant, a sorti ses pieds du cercle sans le vouloir. Durant toute la visualisation guidée, il eut froid aux pieds, tandis que le reste de son corps était chaud. Par ailleurs, il lui fut impossible de remuer les pieds, qui étaient « collés » au sol. Ce n'est qu'une fois la visualisation guidée terminée, en voyant que ses pieds étaient sortis du cercle, qu'il comprit pourquoi il n'avait pas pu les déplacer. Heureusement, cette expérience n'a eu aucun effet indésirable à long terme sur lui, sauf celui d'essuyer nos taquineries continuelles.

DÉLIMITER LE CERCLE

Pour délimiter un cercle wiccan sur un plancher, vous pouvez utiliser de la craie, de la peinture ou un tapis circulaire. Si vous êtes en plein air, vous pouvez marquer le contour du cercle en creusant un sillon dans le sol ou en le délimitant avec quelque chose provenant de la nature, comme de la semoule de maïs ou des pierres. Parfois, les cercles sont ornementés de symboles magiques sur leur pourtour ou à l'intérieur. Toutefois, beaucoup de cercles ne présentent aucune démarcation physique. Ils sont simplement tracés par l'énergie. Même si certaines traditions wiccanes précisent la dimension que le cercle doit avoir, beaucoup de wiccans se contentent de tracer un cercle assez grand pour englober tous les participants, ou assez petit pour pouvoir entrer dans un salon ou tout autre endroit choisi pour le rituel.

Quand faut-il utiliser un cercle ?

Vous devriez tracer un cercle chaque fois que vous souhaitez mener un rituel wiccan dans lequel vous vénérez les dieux. Encore une fois, cela s'explique par le fait que le cercle constitue un espace sacré. Il n'est pas nécessaire de tracer un cercle pour faire de la magie, même si, comme je l'ai déjà mentionné, un cercle peut aider à concentrer l'attention et l'énergie, et à repousser les distractions. Il n'est pas nécessaire non plus d'utiliser un cercle pour faire une méditation ou une visualisation guidée. Par contre, beaucoup de gens se sentent plus à l'aise de faire un travail de transe une fois qu'ils ont érigé cette barrière magique autour d'eux. Le choix vous appartient.

Préparer l'espace

Une pratique assez courante chez les wiccans consiste à « nettoyer » physiquement et énergétiquement le lieu d'un rituel avant d'y dessiner le cercle. Ce nettoyage est très bénéfique. Tout d'abord, le fait de tenir un rite religieux ou magique dans un lieu physiquement propre constitue une marque de respect. Ensuite, vous serez moins sensible aux distractions si l'endroit du rituel a été nettoyé de ses résidus psychiques, c'est-à-dire qu'il a été débarrassé de toutes les énergies indésirables qui auraient pu s'y accumuler au fil de la journée, par exemple à la suite d'un différend ou de la visite de votre belle-mère. En nettoyant d'abord votre espace, vous aidez aussi votre mental à se concentrer sur le rituel à venir. Pour certains, ce nettoyage permet de mettre leur cerveau en mode rituel avant de tracer le cercle.

Commencez par nettoyer l'espace physique. Si votre rite se déroule en plein air, enlevez tout ce qui est dans le chemin : branches, jouets d'enfants ou outils d'entretien. Ratissez les feuilles et les branches, et assurez-vous que rien ne pourra vous faire trébucher. Et enfin, si vous avez envie de pratiquer votre rituel les pieds nus, assurez-vous qu'il n'y a pas de plantes à feuilles épineuses! Si votre rituel se déroule à l'intérieur, déplacez les meubles, si besoin est, et passez l'aspirateur ou le balai. Non seulement l'aspirateur et le balai nettoient physiquement le plancher, mais ils aident aussi à dissiper et à disperser les énergies. Une autre excellente idée consiste à utiliser un produit nettoyant préparé spécialement pour votre rituel à partir d'eau et de plantes. Le simple fait de fabriquer votre produit nettoyant est un acte magique en soi. Par contre, n'utilisez pas d'huiles essentielles, car elles pourraient faire lever le vernis de votre parquet.

Ensuite, procédez au nettoyage psychique de votre espace. Il existe plusieurs façons de le faire. Voici quelques-unes des techniques les plus simples et les plus courantes. Optez pour celle qui vous convient le mieux et qui est la plus appropriée à votre espace.

- Balayez les résidus énergétiques au moyen d'un balai rituel spécial. Comme le balai n'a pas besoin de toucher le sol, il fonctionne à merveille sur les tapis, la moquette et même à l'extérieur. Tout en balayant, visualisez les énergies superflues ou indésirables se faire déloger par le balai. Cette technique est très fréquemment utilisée.

- Faites résonner une cloche dans chaque coin de la pièce, ou dans la direction des quatre points cardinaux, si vous vous trouvez à l'extérieur. Le son d'une bonne cloche est parfait pour dissiper les énergies. Une crécelle fonctionne aussi très bien.

- Fumigez (purifiez) l'endroit au moyen d'un encensoir dans lequel brûlent des plantes séchées. Aux États-Unis, la fumigation est généralement associée à la coutume amérindienne qui consistait à purifier un lieu ou l'aura d'une personne avec la fumée de la sauge du désert. Toutefois, beaucoup de cultures utilisent la fumée ou l'encens pour purifier un lieu de rituel. Même l'Église catholique — que certains de mes amis catholiques appellent l'Église « des clochers et des odeurs » — a recours à l'encens pour la purification rituelle. Vous pouvez utiliser les plantes de votre choix, mais *renseignez-vous sur chacune des plantes choisies avant de les faire brûler.* Certaines plantes sont toxiques et la fumée qu'elles libèrent en brûlant ne doit absolument pas être respirée. (Consultez la liste des lectures recommandées à la fin du présent livre pour trouver des livres sur les plantes.) Si vous préparez un grand espace rituel en plein air et qu'il vous faut beaucoup de fumée, fabriquez un encensoir à partir d'une vieille boîte à café métallique. On a déjà vu plus joli, mais ça fonctionne très bien ! Percez des trous sur les parois de la boîte à l'aide d'un tournevis ou d'un outil plus approprié. (Lorsque nous avons fabriqué cet encensoir, nous étions au beau milieu du désert du Mexique et nous n'avions qu'un tournevis sous la main.) Près du rebord de la boîte, percez deux trous l'un en face de l'autre et passez-y un fil de fer ou un morceau de cintre métallique. Cela fera office de poignée, comme pour un seau. Assurez-vous que la poignée est assez longue pour éviter que la personne manipulant l'encensoir ne se blesse les mains à cause des plantes qui brûleront dans la boîte. Mettez quelques charbons incandescents au fond de la boîte et ajoutez-y une poignée de plantes séchées. Lorsque les plantes commenceront à fumer, déplacez-vous dans votre espace sacré en faisant osciller la boîte doucement pour que la fumée se diffuse. Ajoutez des plantes au besoin.

- Aspergez votre espace d'eau salée. Les cultures du monde entier utilisent le sel et l'eau à des fins purificatrices. Même si certains rituels wiccans requièrent cette aspersion d'eau salée, cela n'empêche pas de l'utiliser aussi avant le rituel.

- Balayez l'espace avec un éventail de papier. Le mouvement de l'éventail dissipe les énergies stagnantes.
- Utilisez la visualisation pour purifier votre espace. Visualisez un vent qui repousse tous les résidus psychiques vers l'extérieur. Cette visualisation fonctionne parfaitement bien à l'intérieur. Après tout, comme il s'agit d'une visualisation, il n'est pas nécessaire de se soumettre aux lois de la nature. Vous pouvez aussi combiner la visualisation à une autre technique de purification.

TRACER LE CERCLE

La marche à suivre pour tracer le cercle est beaucoup plus simple que tous ces préparatifs pourraient vous le laisser croire. Toutefois, avant de vous donner les instructions pour tracer le cercle, je dois vous en dire un peu plus sur l'athamé — un couteau rituel wiccan — et la baguette magique. Ces outils, qui seront abordés plus en détail au chapitre 8, ne sont pas indispensables lorsqu'on trace un cercle, mais beaucoup de wiccans les utilisent. Lorsqu'ils sont utilisés pour tracer le cercle, l'athamé et la baguette visent à faire converger toute l'énergie vers un seul point, comme un crayon, à partir duquel le cercle sera dessiné. Toutefois, j'estime qu'il est très important de savoir tracer un cercle sans outils avant de le faire avec des outils. En effet, si vous êtes capable de le faire sans aucun outil, vous pourrez en tracer un n'importe où, ce qui peut s'avérer très utile en cas d'urgence ou si vous souhaitez faire de la magie ou un exercice de transe à l'improviste. De plus, tracer un cercle sans outils permet de garder en tête que les outils ont pour seul but de concentrer notre attention et que notre véritable pouvoir réside dans l'énergie mobilisée et dans notre mental.

Pour tracer un cercle :

1. Choisissez un point de départ sur le pourtour du futur cercle. Beaucoup de wiccans choisissent de commencer leur cercle à partir d'un des points cardinaux : est, sud, ouest ou nord. Au prochain chapitre, nous aborderons les points cardinaux et les raisons pour lesquelles vous pourriez en préférer un à un autre. Pour le moment, choisissez la direction qui vous plaît. La majorité des wiccans commencent par l'est, car c'est la direction du soleil levant, ou par le nord, car cette direction est associée à l'élément terre et le cercle est tracé avec l'énergie de la terre. Cela étant dit, vous pouvez tout à fait commencer votre cercle où vous le voulez.

2. Ancrez-vous.

3. Visualisez votre racine, puis visualisez l'énergie partir du noyau de la Terre et monter le long de votre racine.

4. Tendez l'index et le majeur de l'une ou l'autre de vos mains et visualisez l'énergie qui s'accumule dans ces doigts. Même si certains wiccans estiment qu'il est préférable d'utiliser la main dominante (si vous en avez une), l'une ou l'autre fonctionne tout aussi bien.

5. Commencez à marcher dans le sens des aiguilles d'une montre et visualisez l'énergie circuler à travers vous pour former le cercle. Beaucoup de wiccans trouvent qu'il est plus facile de visualiser l'énergie lorsqu'ils lui donnent une couleur particulière. Les wiccans tracent presque toujours le cercle en marchant dans le sens des aiguilles d'une montre parce qu'ils imitent ainsi la course du soleil dans le ciel. Certains wiccans croient qu'en se déplaçant dans le sens contraire des aiguilles d'une montre, on « défait » le cercle. Marchez doucement et concentrez-vous. N'oubliez pas de respirer profondément. Ne retenez pas votre souffle !

6. Une fois que vous aurez fait le tour de votre cercle et que vous serez revenu au point de départ, arrêtez-vous et renforcez mentalement le cercle en visualisant son pourtour. Lorsque vous parviendrez à voir le cercle sur votre écran mental, prolongez-le au-dessus de votre tête et sous le sol ou le plancher afin qu'il forme une bulle tridimensionnelle autour de vous, et non un simple cercle bidimensionnel sur le sol. Maintenez mentalement cette image pendant quelques instants dans le but de la renforcer et de la rendre la plus tangible possible. N'oubliez pas que l'énergie suit la pensée. C'est pourquoi la visualisation est si importante.

Voilà, vous venez de tracer votre cercle. Lorsque vous vous serez exercé et que vous aurez l'habitude de tracer ce cercle, vous pourrez essayer de le faire sans remuer ni même utiliser vos doigts. Vous pourrez aussi vous exercer à le dessiner au moyen d'une baguette ou d'un athamé.

Une fois que vous vous trouvez à l'intérieur du cercle, ne le franchissez pas. Vous ne voulez surtout pas rompre l'énergie. Si vous devez sortir brièvement du cercle et y revenir, tracez une porte dans le pourtour du cercle à l'aide des deux doigts utilisés pour le dessiner. Quand vous réintégrez le cercle, retracez-en le pourtour. Toutefois, évitez à tout prix de sortir du cercle, sauf en cas d'absolue nécessité. D'une part, vous aurez du mal à en contenir l'énergie. D'autre part, vous détournez votre attention du travail que vous souhaitiez accomplir dans le cercle. Par ailleurs, certains wiccans considèrent qu'il est imprudent de laisser un cercle vide et qu'il faudrait dans ce cas demander à une autre personne d'y entrer en attendant que son occupant revienne.

Pour défaire le cercle à la fin de votre rituel, revenez devant votre point de départ et marchez au bord du cercle dans le sens contraire des aiguilles d'une montre. Imaginez que l'énergie du cercle est aspirée par vos deux doigts et qu'elle retourne à la terre en traversant votre racine. *Ne laissez pas l'énergie dans votre corps.* Retournez-la à la terre. Une fois que votre cercle est défait, ancrez-vous.

Dans le prochain chapitre, nous nous pencherons sur les quatre points cardinaux et les quatre éléments utilisés par les wiccans pour intensifier les effets du cercle et de la magie.

6

LES QUATRE ÉLÉMENTS ET LES QUATRE POINTS CARDINAUX

Selon la philosophie de la Wicca et de la magie, l'énergie qui imprègne l'ensemble de l'Univers se divise en quatre éléments : la terre, l'air, le feu et l'eau. Ces éléments sont les constituants fondamentaux de la vie, les forces de la nature et de la création. Si un seul de ces constituants n'existait pas, le monde tel qu'on le connaît n'existerait pas non plus.

Les wiccans utilisent les éléments d'innombrables façons. Ils utilisent leurs énergies dans leurs cercles, leurs rituels et leurs pratiques magiques. Ils s'harmonisent avec eux afin de travailler de concert avec les rythmes de la nature. De plus, ils étudient les éléments pour mieux se connaître et mieux comprendre le monde qui les entoure. Certains des secrets de l'Univers résident dans ces éléments.

En plus de posséder sa propre « texture », ou signature énergétique, chaque élément est caractérisé par des correspondances, qui sont très utiles à la pratique de la magie. Comme je l'ai déjà mentionné, les choses semblables s'attirent, d'où l'intérêt à travailler avec les correspondances. Le feu attirera les choses associées au feu, l'eau, celles associées à l'eau, et ainsi de suite. Donc, si le but que vous cherchez à atteindre et une de ces quatre énergies ont certains points communs, l'intégration de cet élément à vos pratiques magiques ou à vos rituels augmentera votre efficacité. Vous serez peut-être surpris de constater le grand nombre de correspondances propres à chaque élément. Mais si vous gardez à l'esprit que les éléments sont les constituants fondamentaux de la vie, ce n'est pas si surprenant, au fond.

Voici une liste sommaire de ces correspondances. Elle est loin d'être exhaustive puisque tout ce qui existe sous le soleil (et le soleil lui-même !) peut être associé à un des éléments. Néanmoins, elle vous donnera un petit aperçu de chacun et servira de point de départ dans votre exploration des éléments.

LA TERRE est un élément féminin, robuste et stable. La terre correspond au nord, à l'hiver et au solstice d'hiver. En astrologie, la terre est incarnée par le Taureau, la Vierge et le Capricorne. Elle représente aussi le milieu de la nuit (minuit), la face cachée de la Lune et la lune décroissante, la vieillesse et la mort, la fertilité, l'argent, la stabilité, les assises, la nourriture, l'agriculture et le jardinage. Les couleurs associées à la terre sont notamment le vert, le noir, le gris et le brun. Parmi les animaux associés à la terre, on retrouve l'ours et le bison. Dans les rituels, les wiccans utilisent fréquemment des pierres, des cristaux ou du sel pour représenter la terre.

L'AIR est un élément masculin, léger et cérébral. L'air correspond à l'est, au printemps et à l'équinoxe de printemps. En astrologie, l'air est incarné par le Gémeaux, la Balance et le Verseau. Il représente aussi l'aube, la nouvelle lune, la naissance, la jeunesse, l'illumination, l'inspiration, la communication, l'écriture, la mobilité, ainsi que les ordinateurs et l'électronique. Les couleurs associées à l'air sont notamment le jaune et le doré. Parmi les animaux qui lui sont associés, on retrouve les insectes et les oiseaux, et plus particulièrement les aigles et les faucons. Dans les rituels, les wiccans utilisent souvent de la fumée d'encens ou des plumes pour représenter l'air.

LE FEU est un élément masculin, chaud (évidemment) et énergétique. Le feu correspond au sud, à l'été et au solstice d'été. En astrologie, le feu est incarné par le Bélier, le Lion et le Sagittaire. Il représente aussi le milieu du jour, la lune croissante, l'adolescence, l'impétuosité, la passion, le dynamisme, la créativité, la colère, la force, la lumière et la transformation. Les couleurs associées au feu sont notamment le rouge et l'orange. Parmi les animaux qui lui sont associés, on retrouve les chevaux et les lions. Dans les rituels, les wiccans utilisent le feu lui-même.

L'EAU est un élément féminin, purificateur et guérisseur. L'eau correspond à l'ouest, à l'automne et à l'équinoxe d'automne. En astrologie, l'eau est incarnée par le Cancer, le Scorpion et le Poissons. Elle représente aussi le crépuscule, la pleine lune, l'âge adulte, l'aspect nourricier, les émotions, l'inconscient, l'autre monde, la transformation (comme pour le feu, mais plus lentement), le mystère, la compassion, les secrets et l'occulte. Les couleurs associées à l'eau sont notamment le bleu et le vert. Parmi les animaux qui lui sont associés, on retrouve les poissons et les dauphins. Dans les rituels, les wiccans utilisent l'eau elle-même.

LES ÊTRES ÉLÉMENTAIRES

Beaucoup de wiccans associent des esprits ou des êtres de l'autre monde à chacun des éléments. Toutefois, la perception de ces esprits, de leur forme, de leurs pouvoirs et de leurs propriétés varie largement d'un wiccan à l'autre et d'une tradition à l'autre.

Dans les vieux grimoires magiques, lesquels sont davantage l'apanage des magiciens cérémoniels que des wiccans, les êtres élémentaires de la terre sont appelés « gnomes », les êtres élémentaires de l'air, « sylphes », les êtres élémentaires du feu, « salamandres », et ceux de l'eau, « ondines ». Vous ne serez pas surpris d'apprendre que les gnomes sont dotés d'une énergie robuste et bien ancrée, et qu'ils sont les protecteurs de la terre et les gardiens de ses trésors, notamment ses métaux précieux et ses pierres précieuses. Les sylphes, légers et de forme allongée, chevauchent le vent et déclenchent changements de perception et créativité. Les salamandres, qui élisent domicile dans les braises des feux de camp, ont pour particularité d'attiser la passion et de produire l'étincelle créatrice. Quant aux ondines, souples, gracieuses et mystérieuses, elles se laissent porter par le courant des eaux, dans lesquelles elles vivent.

Certains wiccans adhèrent au système de magie cérémonielle et utilisent ces appellations pour désigner les êtres élémentaires. Personnellement, je ne perçois pas les êtres élémentaires comme des gnomes, des sylphes, des salamandres et des ondines, même s'ils ont sans contredit des traits communs avec ma propre perception de ces êtres. À mes yeux, les êtres associés aux éléments sont plus nébuleux. Leurs formes et leurs facultés sont plus diversifiées, ce qui ne les rend pas pour autant moins puissants. De mon point de vue, l'essence de ces êtres n'est pas aussi figée (si on peut dire qu'un sylphe est figé !) que ce que ces anciennes appellations peuvent laisser entendre. Même si nous n'enseignons pas à nos étudiants ce que sont les gnomes, les sylphes, les salamandres et les ondines, ils sont tout à fait libres d'employer ce système, s'il leur convient. Comme je l'ai déjà mentionné, chaque wiccan a sa propre perception des êtres élémentaires. Si vous choisissez d'adopter la voie wiccane, vous découvrirez la nature de votre propre relation avec les êtres élémentaires.

Je dois aussi souligner que beaucoup de wiccans associent des dieux et déesses à chacun des éléments. La déesse celtique Brigid, par exemple, pourrait être associée au feu étant donné qu'elle est la patronne des forgerons. J'aborderai les dieux plus en détail au chapitre 7. Vous aurez peut-être envie d'en lire davantage par vous-même, par la suite.

S'HARMONISER AVEC LES ÉLÉMENTS

De nombreux wiccans consacrent beaucoup de temps et d'énergie à étudier les éléments et à se syntoniser avec eux afin d'augmenter la puissance de leurs rituels et de leur magie. Voici quelques exercices faciles pour commencer à vous harmoniser avec les éléments. Ils sont si faciles, en fait, qu'ils semblent aller de soi. C'est le but, et ce, pour deux raisons. Premièrement, les éléments se trouvent partout et en chaque chose, alors il *devrait* être facile de s'harmoniser avec eux. Deuxièmement, comme les éléments sont partout et en chaque chose, nous avons tendance à oublier qu'ils existent. Parfois, il suffit de faire basculer légèrement notre perception et de choisir de tourner notre attention vers quelque chose d'omniprésent, comme les éléments, pour découvrir toutes les possibilités qui se trouvaient juste sous notre nez, dans notre vie de tous les jours. Essayez une ou plusieurs des suggestions suivantes :

FAIRE L'EXPÉRIENCE DES ÉLÉMENTS À LA MAISON. Dressez la liste de tous les objets domestiques qui symbolisent pour vous un des éléments. Par exemple, le four, le micro-ondes, la cheminée, le radiateur, le fer à friser, le séchoir à cheveux, le grille-pain, les allumettes, le briquet, le thermostat, la chaudière, le barbecue, la couverture électrique et peut-être même le détecteur de fumée représentent tous le feu. Une fois que vous avez dressé votre liste, demandez-vous pourquoi vous avez choisi ces objets. Qu'ont-ils en commun? Qu'ont-ils de différent? Répétez l'exercice avec les trois autres éléments.

FAIRE L'EXPÉRIENCE DES ÉLÉMENTS EN PLEIN AIR. Rendez-vous dans un site naturel où se trouve un des éléments ou qui évoque pour vous un des éléments. Par exemple, pour l'élément terre, vous pourriez aller dans un jardin, une forêt ou une grotte. Pour l'air, vous pourriez vous rendre au sommet d'une falaise balayée par le vent. Et pour l'eau, aux abords d'un ruisseau, d'un lac ou de la mer. Si vous n'arrivez pas à trouver un endroit symbolisant le feu (vous n'habitez peut-être pas à proximité d'un volcan, comme moi!), trouvez un lieu tranquille et éloigné des bruits de la ville et faites-y un feu de camp. Une fois dans l'endroit choisi, détendez-vous et ancrez-vous. Fermez les yeux, à moins que ce ne soit pas prudent de le faire. Inspirez profondément. Utilisez tous vos sens pour percevoir l'élément. Essayez de le toucher (sauf dans le cas du feu, évidemment, quoique vous puissiez tout de même approcher votre main et en sentir la chaleur), de le sentir, de l'entendre et de le goûter. Prenez tout le temps nécessaire pour établir un véritable rapport avec l'élément. Ensuite, notez vos observations par écrit. Répétez l'exercice avec les trois autres éléments.

FAIRE L'EXPÉRIENCE DES ÉLÉMENTS DANS VOTRE TÊTE. Inventez une visualisation guidée dans laquelle vous rendez visite à chaque élément pour apprendre à mieux le connaître. Par exemple, plongez au fond des mers ou envolez-vous jusqu'à la surface du soleil. Notez votre expérience et répétez l'exercice avec les trois autres éléments. Vous trouverez au chapitre 4 des directives pour créer votre propre visualisation guidée.

FAIRE L'EXPÉRIENCE DES ÉLÉMENTS GRÂCE AUX SAISONS. Peut-être avez-vous remarqué, dans la liste des correspondances, que chaque élément est associé à une saison. Pour les wiccans, un des aspects les plus importants symbolisés par les éléments est le cycle annuel des saisons. Comme vous le verrez au chapitre 9, les fêtes wiccanes reposent sur le cycle des saisons. Pour vous harmoniser à la fois avec les éléments et les saisons, choisissez le prochain solstice ou équinoxe. À compter de cette journée et jusqu'au prochain solstice ou équinoxe, faites l'effort conscient de remarquer et de ressentir en quoi l'élément représenté par cette saison colore votre vie et en quoi il correspond à la saison en cours. Par exemple, vous pourriez commencer à vous pencher sur le printemps et l'air, séparément et ensemble, à compter de l'équinoxe de printemps, et ce, jusqu'au solstice d'été, moment où votre attention se portera vers l'été et le feu. Observez le cycle tout au long de l'année. Notez vos observations.

LES POINTS CARDINAUX

En plus d'être relié à une saison, chaque élément est aussi associé à un point cardinal. La terre est associée au nord ; l'air, à l'est ; le feu, au sud ; et l'eau, à l'ouest. Les quatre points cardinaux font partie intégrale des rituels wiccans et de la magie.

Imaginez un cercle magique comme celui que vous avez appris à tracer au chapitre 5 et positionnez les quatre points cardinaux à leur emplacement respectif sur le cercle. Vous obtiendrez un microcosme de l'Univers. Tous les éléments de la vie y sont représentés. Si vous commencez par l'est et que vous vous déplacez dans le sens des aiguilles d'une montre, vous passerez successivement par l'aube, le zénith, le crépuscule et le milieu de la nuit (minuit), soit le cycle d'une journée. Vous passerez par la nouvelle lune, la lune croissante, la pleine lune et la lune décroissante, soit le cycle de la Lune, qui dure un mois. Vous passerez aussi par le printemps, l'été, l'automne et l'hiver, soit le cycle du Soleil, qui dure un an. Et enfin, vous passerez par la naissance, l'adolescence, l'âge adulte et la vieillesse, soit le cycle de la vie humaine.

Puisque les wiccans s'efforcent de travailler avec les configurations de la nature, ils invoquent les points cardinaux dans leur cercle rituel. Ce faisant, ils font intervenir le cycle des saisons et les constituants fondamentaux de la vie dans leur cercle microcosmique. Si vous adhérez au concept voulant que le cercle constitue un espace entre les mondes, alors vous faites fusionner le monde matériel et le monde spirituel, et vous manifestez votre volonté sur le plan spirituel. En amenant les points cardinaux dans votre cercle, vous donnerez beaucoup de puissance à votre rituel ou à votre magie. Beaucoup de wiccans ne créeraient jamais un cercle sans les y inclure.

INVOQUER LES POINTS CARDINAUX

Dans leur rituel, les wiccans invoquent généralement les points cardinaux tout de suite après avoir tracé leur cercle. Souvent, ils traceront le cercle, puis longeront son pourtour encore deux fois : la première fois en aspergeant le lieu d'eau salée et la deuxième fois en répandant de la fumée d'encens. Cette pratique sert à appeler les quatre éléments dans le cercle, étant donné que l'eau salée représente la terre et l'eau et que l'encens représente le feu et l'air. Si les éléments sont déjà présents au moment d'invoquer les points cardinaux, l'invocation de ces derniers n'en sera que plus facile, car, encore une fois, les semblables s'attirent. Je ne voudrais surtout pas semer la confusion : éléments et points cardinaux sont deux choses bien distinctes. Toutefois, ils sont étroitement liés par leur symbolisme. Quant à savoir si les éléments représentent les points cardinaux ou si les points cardinaux représentent les éléments, ou les deux à la fois, je vous laisse le soin d'en juger. Vous trouverez des wiccans pour défendre chacun de ces trois points de vue.

Avant d'aborder l'invocation des points cardinaux, il est important que vous en sachiez un peu plus sur le symbole des sorciers, le pentagramme. Le pentagramme est une étoile à cinq pointes. Quatre de ces pointes représentent les éléments, tandis que la cinquième représente l'esprit ou la déité, qui réunit tous les éléments. Si le pentagramme se trouve à l'intérieur d'un cercle, comme on le voit souvent sur les bijoux wiccans, il représente les quatre éléments et l'esprit réunis à l'intérieur du cercle magique. J'ai aussi déjà entendu dire que le pentagramme représenterait la main de l'être humain et les pointes, ses doigts. De ce point de vue, le pentagramme évoque le potentiel de l'être humain. Bien que le pentagramme ait été associé au satanisme et à toutes sortes d'autres choses déplaisantes par des scénaristes hollywoodiens et autres individus qui ne savaient absolument pas de quoi ils parlaient, le pentagramme constitue vraiment un symbole puissant et positif de la création et de la vitalité.

Pour invoquer les points cardinaux avec la méthode suivante, il faut que vous dessiniez un pentagramme d'invocation devant vous à chaque point cardinal, à l'aide de vos doigts ou d'un athamé, comme lorsque vous avez tracé le cercle, au chapitre 5. Un pentagramme d'invocation sert à inviter l'énergie d'un point cardinal à venir dans votre cercle. Comme lorsque vous tracez un cercle, vous devez visualiser l'énergie de la terre monter pour dessiner avec elle le pentagramme, à l'aide de vos doigts ou de l'athamé. Même si un pentagramme reste un pentagramme, celui-ci ne se trace pas de la même manière selon le point cardinal qui est invoqué. Par exemple, lorsque vous tracez le pentagramme d'invocation de la terre, il vous faudra partir du sommet du pentagramme, descendre vers la gauche et remonter vers la droite. Pour le feu, vous partirez du sommet du pentagramme, descendrez vers la droite et remonterez vers la gauche, et ainsi de suite.

Et comme si ce n'était pas déjà assez compliqué, chaque point cardinal comporte aussi un pentagramme de bannissement, qui doit être tracé au moment de défaire le cercle. Les pentagrammes de bannissement servent à libérer ou à renvoyer l'énergie du point cardinal. Personnellement, je n'aime pas trop le mot « bannissement », que je trouve trop incisif. Après tout, les points cardinaux et les éléments sont là pour nous aider, et il n'y a aucune raison de les expulser du cercle ou de les envoyer au lit sans manger une fois le rituel terminé. Mais comme le mot « bannissement » est le terme le plus communément accepté, il est important que vous le connaissiez. Vous pourriez aussi bien utiliser les termes « pentagramme de bienvenue » et « pentagramme d'au revoir », mais il faut reconnaître que ces appellations édulcorées éliminent une bonne part de mystère. Le diagramme qui suit montre comment tracer les pentagrammes.

Permettez-moi d'aborder un dernier point avant de vous révéler la marche à suivre pour invoquer les points cardinaux. Si vous ne pouvez tout simplement pas mémoriser les huit façons différentes de tracer un pentagramme, il y a moyen de tricher un peu. Lorsque vous invoquerez les éléments, tracez le pentagramme d'invocation de l'élément terre pour chaque élément que vous invoquez et lorsque vous effacerez le cercle, utilisez chaque fois le pentagramme de bannissement de l'élément terre. J'ai travaillé avec plusieurs groupes qui utilisaient cette technique et ça marchait parfaitement. L'essentiel n'est pas de parvenir à mémoriser huit pentagrammes différents, mais plutôt de vous concentrer sur votre volonté, votre habileté à visualiser et votre intention.

Il existe de multiples façons d'invoquer les points cardinaux dans un cercle. Voici une méthode toute simple :

1. Purifiez votre espace rituel, ancrez-vous et dessinez le cercle comme vous l'avez appris au chapitre 5.

PENTAGRAMMES D'INVOCATION

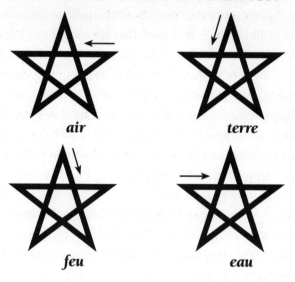

PENTAGRAMMES DE BANNISSEMENT

Les flèches indiquent le point de départ des pentagrammes et les séquences selon lesquelles ils doivent être tracés.

2. Tout en restant à l'intérieur du cercle, face vers l'extérieur, positionnez-vous au bord du cercle dans la direction d'un des points cardinaux. Comme je l'ai expliqué au chapitre 5, la plupart des wiccans commencent par le nord ou par l'est. Dans le présent exemple, je vais supposer que vous commencez par l'est.

3. Dessinez votre pentagramme d'invocation de l'élément air avec vos doigts ou l'athamé. Visualisez l'énergie montant de la terre, circulant dans votre corps et le long de votre bras, puis sortant par le bout de vos doigts ou l'athamé. Tandis que vous tracez le pentagramme dans l'air, voyez-le prendre forme. Vous pouvez donner une couleur à l'énergie. Beaucoup de wiccans utilisent le jaune pour l'est, le rouge pour le sud, le bleu pour l'ouest et le vert pour le nord. Dans mon groupe, nous utilisons le blanc pour toutes les directions. Utilisez la ou les couleurs qui vous conviennent.

4. Même si vous invoquez le point cardinal avec votre énergie, vous pouvez aussi l'invoquer verbalement. Cette mesure est loin d'être essentielle ou nécessaire, et parfois, le silence absolu est la meilleure façon d'invoquer les points cardinaux. Toutefois, la plupart des wiccans prononcent habituellement quelques paroles. Vous pouvez réciter votre invocation tout en dessinant le pentagramme. Mais si vous avez du mal à parler et à maintenir votre visualisation en même temps, récitez votre invocation tout de suite après. Votre invocation peut n'être qu'un simple « Bienvenue, pouvoirs de l'est », « Pouvoirs de l'air, joignez-vous à nous, ce soir », « J'invite les pouvoirs de l'est à se joindre à notre cercle » ou encore « J'invoque les pouvoirs de l'est pour protéger (ou garder) notre cercle ». L'invocation du point cardinal peut prendre la forme d'un court poème qui évoque des images associées au point cardinal. Les rimes peuvent s'avérer utiles,

car elles créent une sorte de répétition. De plus, le rythme des paroles générera un léger état de transe en même temps que les mots feront monter des images à l'esprit du locuteur. Cependant, j'ai souvent entendu des invocations de points cardinaux qui relevaient un peu trop de l'abus poétique. Alors, si vous ne vous sentez pas en mesure de composer une formule que vous pourrez ensuite réciter avec éloquence et sans pouffer de rire, contentez-vous d'une formule plus classique. Même si beaucoup de livres wiccans, y compris ceux de Scott Cunningham et de Starhawk, comportent des exemples d'invocations des points cardinaux, je vous encourage à composer les vôtres. Plus ils seront significatifs pour vous, plus vous parviendrez à leur insuffler de l'énergie.

5. Une fois que vous avez tracé le pentagramme et récité l'invocation, imaginez pendant quelques instants que le pentagramme scintille devant vous. Si c'est possible, essayez aussi de visualiser une chose ou de ressentir une sensation que ce point cardinal évoque pour vous. Vous pourriez, par exemple, visualiser un aigle ou éprouver la sensation du vent sur votre visage. Il n'est pas facile de visualiser deux choses en même temps, mais vous y parviendrez à force de persévérance. L'énergie de votre invocation gagnera alors en puissance.

6. Déplacez-vous vers le sud. Dessinez le pentagramme d'invocation de l'élément feu et récitez votre invocation à voix haute. Visualisez-le, rendez-le réel. Continuez avec l'ouest (eau) et le nord (terre).

Une fois que vous aurez terminé votre rituel ou votre magie, et avant de commencer à défaire votre cercle, vous devrez « bannir » ou libérer les points cardinaux (ou leur dire au revoir, si vous préférez). Voici comment procéder :

1. Commencez par le même point cardinal que lorsque vous avez dessiné les pentagrammes d'invocation.

2. Dessinez le pentagramme de bannissement de l'élément approprié en visualisant l'énergie qui se disperse.

3. Récitez une formule qui ressemble à « Pouvoirs de l'est, merci pour votre présence, adieu », ou inventez la vôtre. Essayez de réciter votre formule pendant que vous tracez le pentagramme de bannissement, mais comme pour le pentagramme d'invocation, si vous n'y parvenez pas, récitez-la tout de suite après.

4. Visualisez le pentagramme se dissoudre.

5. Dirigez-vous vers le point cardinal suivant et recommencez. Ici, vous avez deux options. Vous pouvez soit marcher dans le sens des aiguilles d'une montre, comme vous l'avez fait durant l'invocation, soit marcher dans le sens contraire des aiguilles d'une montre. Comme je l'ai mentionné précédemment, certains wiccans estiment que lorsqu'ils marchent dans le sens contraire des aiguilles d'une montre, ils « effacent » le cercle. Puisque c'est exactement ce que vous vous apprêtez à faire, il n'y a aucun problème à choisir ce sens. D'ailleurs, certains wiccans soutiennent qu'il faut absolument marcher dans le sens contraire des aiguilles d'une montre pour bannir les points cardinaux. Encore une fois, vous n'avez qu'à essayer ces deux façons de faire et à opter pour celle qui vous convient.

LA PYRAMIDE DES SORCIERS

La pyramide des sorciers est un principe ou une conception magique étroitement liée aux points cardinaux. La pyramide est constituée de quatre énoncés qui stipulent les règles à suivre pour faire efficacement de la magie et être un véritable wiccan ou sorcier. Chaque énoncé est associé à un point cardinal et chaque point cardinal est représenté par un niveau de la pyramide. Beaucoup de sorciers se consacrent à l'étude et à la mise en pratique de ces quatre énoncés pour parfaire la maîtrise de leur art. Ils commencent par le niveau inférieur (est), souvent considéré comme le plus facile, et montent vers les niveaux associés au sud et à l'ouest avant de terminer avec le nord, qui est souvent considéré comme le plus difficile. Puisque nous explorons justement les points cardinaux, je vais vous donner une brève description des différents niveaux de la pyramide des sorciers. Vous trouverez plus de détails à ce sujet dans certains livres de la liste des lectures recommandées.

EST — SAVOIR : C'est la base de la pyramide. L'air est associé au savoir. Pour pratiquer la magie, le wiccan doit connaître sa volonté, son intention, ses ressources et les désirs de son cœur. Il doit aussi savoir que, lorsqu'il pratique la magie ou un rituel, cela fonctionne. C'est à ce niveau que vous vous demandez si la Wicca est la bonne voie pour vous.

SUD — OSER : Il s'agit du niveau le plus « effrayant » de la pyramide. Le feu est associé au courage. Pour faire de la magie et être un wiccan, il faut savoir oser. Il faut oser changer, oser réussir, oser être différent et oser être fort. C'est ici que vous vous demandez si vous avez le courage de suivre la voie que vous avez choisie.

OUEST — VOULOIR : Pour pratiquer la magie et être un wiccan, vous devez savoir ce que vous voulez. L'eau est liée à la connaissance intérieure et à l'inconscient. À ce niveau, il s'agit de rassembler votre pouvoir et de vérifier si votre objectif correspond à votre volonté ou à votre mission personnelle. C'est ici que vous vous demandez si vous avez la concentration, la force et la conviction nécessaires pour continuer, et si le fait de continuer sert votre mission personnelle.

NORD — GARDER LE SILENCE : Beaucoup de gens sont de grands bavards et les wiccans ne font pas exception à la règle. C'est la raison pour laquelle ce niveau de la pyramide est souvent le plus difficile de tous. La terre est liée à la quiétude et à la mort. Garder le silence signifie que vous ne discuterez pas avec les autres de vos pratiques magiques ni de votre travail intérieur spirituel. Il existe un vieux principe magique qui dit que, lorsqu'on parle de magie, celle-ci se dissipe. Évidemment, le wiccan doit aussi garder le silence par souci de sécurité. Même si vous avez envie de crier sur tous les toits que vous pratiquez la Wicca , tant que la Wicca ne sera pas parfaitement acceptée dans notre société, vous risquerez d'y perdre, entre autres, votre emploi, votre famille et votre maison. Pour ces deux raisons, mieux vaut vous montrer discret, si vous pratiquez la Wicca . C'est ici que vous vous demandez si vous pouvez garder le silence à propos de la magie que vous pratiquez et si vous pouvez cheminer sur une voie spirituelle dont ne pourrez pas nécessairement parler avec votre famille et vos amis, par crainte des répercussions possibles.

Maintenant que vous avez appris certains outils fondamentaux, comme l'ancrage et l'écran de protection, et que vous connaissez les règles de base pour créer un cercle et invoquer les points cardinaux, le moment est venu de faire la connaissance des dieux.

7

APPRENDRE À CONNAÎTRE LES DIEUX WICCANS

Dans la Wicca , le divin, ou la déité, transcende la création, mais il ou elle est aussi création. Le Divin est à la fois immanent à tout ce qui nous entoure et distant et inatteignable. Même s'il est beaucoup trop vaste pour que nous puissions totalement l'appréhender, nous pouvons néanmoins commencer à en faire l'expérience grâce à notre relation avec les dieux, lesquels représentent les deux facettes du Divin. Comme je l'ai mentionné brièvement au chapitre 2, les deux principaux aspects de la déité avec lesquels les wiccans entretiennent des liens s'appellent tout simplement la Déesse et le Dieu. Ils représentent les contreparties féminine et masculine du Divin. Selon la croyance wiccane, l'union de la Déesse et du Dieu est à l'origine de l'Univers et leur relation est symbiotique. Ainsi, à l'instar des ténèbres et de la lumière, chaque moitié a besoin de sa contrepartie pour pouvoir s'exprimer totalement. Le Dieu représente entre autres le pouvoir non manifesté, l'étincelle de vie. La Déesse, quant à elle, permet à ce pouvoir de prendre forme.

Les dieux sont-ils des êtres réels, sensibles et distincts? Sont-ils des masques que les humains attribuent à la déité pour mieux la comprendre, comme le suggère Joseph Campbell? Sont-ils des archétypes, c'est-à-dire des symboles illustrant des thèmes universels qu'on retrouve sensiblement sous la même forme d'une culture à l'autre ? Sont-ils des formes-pensées qui se sont gorgées de puissance parce que les hommes leur vouaient un culte depuis des millénaires ? Sont-ils tout simplement des facettes de notre propre psyché ? Beaucoup de wiccans répondraient que les dieux sont tout cela à la fois — aucune de ces conceptions n'excluant les autres —, et bien plus encore.

Il est vrai que le concept de la polarité féminin-masculin, représentée par la Déesse et le Dieu, est une notion assez abstraite. Toutefois, les dieux wiccans en tant que tels, c'est-à-dire les différents visages que la Wicca attribue à l'un ou l'autre élément de la polarité, n'ont absolument rien d'abstrait pour les wiccans qui entretiennent des liens avec eux. Les wiccans aiment profondément les dieux et leur témoignent un grand respect. Cependant, ils ne tremblent pas de peur devant eux et n'implorent pas leurs faveurs. Les wiccans travaillent en partenariat avec les dieux. Dans la Wicca , le meilleur prêtre ou la meilleure prêtresse, c'est soi-même. Et comme il n'y a pas d'intermédiaire entre le wiccan et les dieux, chaque wiccan a la responsabilité et l'honneur de forger lui-même les liens l'unissant aux dieux. Un wiccan peut entretenir une relation profonde et amicale avec les dieux. Je ne veux pas dire par là que certains wiccans invitent Thor et Freyja à boire de la bière en regardant le *Super Bowl* et en mangeant des Doritos, mais plutôt qu'ils s'entretiennent directement avec leurs dieux, qu'ils travaillent en collaboration avec eux et qu'ils apprennent à les connaître très intimement, ce qui n'est pas aussi facile à faire dans le contexte d'une grande religion classique.

Mais qui sont donc les dieux wiccans ?

LA DÉESSE

La Déesse wiccane est la mère de toutes choses. Elle incarne la terre qui nous a donné la vie et qui nous nourrit avant de nous accueillir à nouveau dans la mort. Elle est source de fertilité et d'abondance. Elle représente la grande mère nourricière, mais aussi la mort, puisque chaque chose est vouée à mourir et que la mort est indispensable à la renaissance. Le symbole de la Déesse est la Lune. Comme la Lune qui présente différentes phases, la Déesse possède aussi différentes facettes. La Déesse est énergique et remplie de promesses comme le printemps, mature et féconde comme l'été, vieillissante et sage comme l'automne, et obscure et silencieuse comme l'hiver. Certains wiccans croient que la Déesse possède trois aspects — la jeune fille, la mère fertile et la vieille femme — qu'elle revêt tour à tour au fil du cycle annuel. D'autres, dont moi-même, croient qu'elle possède et manifeste tous ces attributs en tout temps. La Déesse représente le principe féminin, synonyme de constance et d'éternité. La Lune, la coupe ou le calice, le chaudron, la chouette, la vache, le lait, l'argent, les fleurs, les coquillages et les perles font partie des nombreux symboles qui représentent la Déesse.

Le Dieu

Le Dieu, parfois appelé « le Dieu cornu », est le grand chasseur, le seigneur et le protecteur des animaux et des forêts. Il est souvent représenté avec des cornes pour évoquer son affiliation avec les créatures terrestres. Il est acharné et sauvage, mais aussi avisé et doux. Le symbole du Dieu est le Soleil, et comme lui, sans lequel la terre, et la Déesse, resteraient stériles, le Dieu constitue le principe énergétique. Le Dieu représente aussi la sexualité et l'urgence de vivre. Beaucoup de wiccans associent le Dieu au cycle agricole. Il symbolise l'étincelle de vie qui permet à la graine de germer dans un sol encore froid, la petite pousse qui pointe ses feuilles à la surface de la terre, le grain mûr et les récoltes. Il est aussi le seigneur du monde souterrain, qui veille sur les âmes après la mort, jusqu'à ce qu'elles soient prêtes à renaître. Le phallus et les objets phalliques comme la lance, l'épée, la flèche et la baguette sont quelques-uns des symboles qui représentent le Dieu, de même que la couleur dorée, les cornes ou les ramures, le cerf, le serpent, les semences, le grain mûr et la faucille.

LA DÉESSE ET LE DIEU COMBINÉS

La Déesse est la mère du Dieu, mais aussi sa bien-aimée. Le mythe auquel adhèrent la plupart des wiccans raconte que la Déesse aurait donné naissance au Dieu, que le Dieu aurait grandi, qu'ils auraient fait l'amour et que la Déesse serait tombée enceinte. Puis, le Dieu serait mort et la Déesse lui aurait redonné la vie. L'existence du Dieu est donc cyclique, comme les grains, les animaux et les humains sur lesquels il veille, tandis que l'existence de la Déesse est constante, comme la terre sous nos pieds. Le Dieu et la Déesse sont à tout jamais liés dans les mystères de la vie, de la mort et de la renaissance.

FAIRE CONNAISSANCE AVEC LE DIEU ET LA DÉESSE

Communiquer directement avec le Dieu et la Déesse est un des plus grands plaisirs et une des plus grandes responsabilités du wiccan. Nul besoin de se rendre dans une église ou dans un lieu sacré pour communiquer avec eux, car pour les wiccans, tout lieu est sacré. Voici un rituel tout simple qui vous permettra de faire connaissance avec la Grande Mère et le Dieu cornu. Vous pouvez choisir de les rencontrer tous les deux au cours du même rituel ou, si vous le préférez, de célébrer un rituel distinct pour chacun. Dans le deuxième cas, vous n'avez qu'à modifier les directives comme il se doit. Vous aurez besoin d'un athamé, si vous en possédez un, d'une chandelle blanche ou argentée, d'une chandelle rouge ou dorée, d'un bougeoir pour chaque chandelle, d'allumettes ou d'un briquet, de fleurs et de quelques glands ou pommes de pin.

1. Nettoyez et purifiez votre espace rituel.

2. Ancrez-vous.

3. Tracez un cercle. N'invoquez pas les points cardinaux, car votre attention doit se porter uniquement sur les dieux.

4. Assoyez-vous sur le sol, au centre du cercle, les chandelles devant vous, dans leur bougeoir. Allumez la chandelle blanche ou argentée, déposez les fleurs près de la chandelle et dites une formule semblable à celle-ci :

> J'allume cette chandelle pour toi, grande Déesse, dame de la Lune, mère universelle. Je m'appelle _____ et je suis ici pour t'offrir ces fleurs, faire plus ample connaissance avec toi et bénéficier de ta sagesse.

Notez que vous n'invitez pas la Déesse à venir dans le cercle. Vous apprendrez à le faire plus loin dans ce chapitre. Pour le moment, vous ne faites que lui parler.

5. Dites à la Déesse quelque chose sur vous : la raison pour laquelle vous prenez contact avec elle, ce que vous aimeriez apprendre, la raison pour laquelle vous êtes devenu un wiccan, etc.

6. Lorsque vous avez fini de parler, fermez les yeux et détendez-vous. Respirez profondément. Contemplez la Déesse et la relation que vous entretenez avec elle. Des images apparaîtront peut-être sur votre écran mental. Portez-leur une attention toute particulière, car il s'agit du message que la Déesse vous adresse. Si rien ne se produit ou que vous n'arrivez pas à percevoir la Déesse, ne vous en faites pas ! En allumant la chandelle et en déclarant votre intention, vous vous êtes présenté à elle. Peut-être recevrez-vous un message plus tard, dans un rêve ou sous forme de vision. Le plus important, c'est que vous ayez manifesté votre présence à la Déesse. Peut-être aurez-vous besoin de répéter ce rituel plusieurs fois avant d'avoir l'impression d'avoir établi un contact satisfaisant. C'est très bien ainsi.

Il arrive que des wiccans expérimentés fassent un tel rituel pour se reconnecter à la Déesse, même s'ils sont wiccans depuis plusieurs décennies. Soyez patient et souvenez-vous que le Dieu chrétien n'est pas le seul dont les voies sont impénétrables. Généralement, avec les dieux wiccans, les choses arrivent lorsqu'elles sont censées arriver, ce qui veut dire qu'elles ne concorderont pas nécessairement avec votre échéancier personnel.

7. Une fois que les images se seront dissipées ou lorsque vous sentirez que c'est le bon moment, ouvrez les yeux et dites une formule semblable à celle-ci :

> *Merci, grande Déesse, de m'avoir donné la sagesse.*

8. Allumez la chandelle dorée ou rouge, déposez les glands ou les pommes de pin près de la chandelle et dites une formule semblable à celle-ci :

> *J'allume cette chandelle pour toi, grand Dieu, seigneur du Soleil, seigneur des forêts. Je m'appelle _____ et je suis ici pour t'offrir ces glands (pommes de pin), faire plus ample connaissance avec toi et bénéficier de ta sagesse.*

9. Notez que, comme dans le cas de la Déesse, vous n'invitez pas le Dieu à venir dans le cercle. Vous apprendrez à le faire plus loin dans ce chapitre. Pour le moment, vous ne faites que lui parler.

10. Dites au Dieu quelque chose sur vous : la raison pour laquelle vous prenez contact avec lui, ce que vous aimeriez apprendre, la raison pour laquelle vous êtes devenu un wiccan, etc.

11. À nouveau, fermez les yeux et détendez-vous. Respirez profondément. Contemplez le Dieu et la relation que vous entretenez avec lui. Des images apparaîtront peut-être sur votre écran mental. Portez-leur une attention toute particulière, car il s'agit du message que le Dieu vous adresse.

Comme pour la Déesse, ne vous en faites pas si rien ne se produit ! Le plus important, c'est que vous ayez manifesté votre présence au Dieu. Peut-être vous enverra-t-il un message ou un signe plus tard, pendant que vous vaquerez à vos occupations. Vous pourriez avoir plus de facilité à prendre contact avec le Dieu qu'avec la Déesse, ou vice-versa. Il y a plusieurs raisons à cela. Peut-être, par exemple, vous identifiez-vous davantage à la déité d'un certain sexe ou le symbole utilisé pour représenter une des déités vous interpelle-t-il davantage.

12. Une fois que les images se seront dissipées ou lorsque vous sentirez que c'est le bon moment, ouvrez les yeux et dites une formule semblable à celle-ci :

> *Merci, grand Dieu, de m'avoir donné la sagesse.*

13. Levez-vous, défaites le cercle et ancrez-vous. Si possible, apportez les chandelles allumées, les fleurs et les glands ou les pommes de pin dans un lieu spécial ou sur votre autel (voir le chapitre 8). Si vous le pouvez, laissez les chandelles brûler pendant quelque temps. Sinon, éteignez-les. Pour approfondir l'expérience, vous pouvez répéter le rituel un peu plus tard en réutilisant les mêmes chandelles et en ajoutant de nouveaux éléments.

LES AUTRES DIEUX

Imaginez un arbre dont l'immense tronc se divise en deux énormes branches. Ces branches se divisent à leur tour en branches plus petites, qui se divisent elles aussi en branches encore plus petites, et ainsi de suite. Si on comparait la déité à cet arbre, le Dieu et la Déesse seraient les deux branches principales, tandis que les petites branches émergeant de ces deux branches correspondraient aux dieux et déesses du monde entier, autrement dit, aux multiples facettes que peuvent revêtir les aspects masculin et féminin de la déité. Bien qu'il existe certaines déités androgynes difficiles à placer dans l'une ou l'autre de ces catégories, la majorité des déités possèdent une essence masculine ou féminine, au moins une partie du temps.

En plus de faire appel au Dieu et à la Déesse, la plupart des wiccans travaillent en collaboration avec une ou plusieurs de ces représentations masculines ou féminines du Divin. Par exemple, un wiccan pourrait demander à la déesse grecque Aphrodite de l'aider à faire un rituel pour attirer l'amour, ou invoquer la déesse égyptienne Bastet pendant un rituel visant à retrouver un chat perdu. Aphrodite et Bastet représentent différents visages de la Grande Déesse, mais ces visages sont très différents et ils proviennent de cultures et d'époques différentes.

Si vous en êtes encore à vos débuts avec la Wicca , il serait préférable de continuer à faire vos rituels uniquement avec le Dieu et la Déesse pendant quelque temps. Ainsi, vous apprendrez à connaître les dieux propres à la Wicca , vous développerez votre habileté à faire des rituels et vous saurez mieux ce qu'on ressent au cours d'un rituel avant de vous lancer dans l'invocation des autres dieux et déesses. Certains wiccans s'en tiennent exclusivement à la grande Déesse et au grand Dieu et n'invoquent jamais d'autres dieux. Plus loin dans ce chapitre, vous trouverez quelques suggestions pour vous familiariser avec les dieux et les invoquer dans un cercle rituel.

VOS DÉITÉS PERSONNELLES

En plus du Dieu et de la Déesse, beaucoup de wiccans font souvent appel à leurs propres déités protectrices. Ils peuvent choisir de les invoquer chaque fois qu'ils font un rituel ou ériger un sanctuaire chez eux en leur honneur. D'autres wiccans, comme dans mon exemple précédent, font parfois appel à un dieu ou à une déesse pour ses caractéristiques particulières afin d'obtenir de l'aide pour certains rituels.

Le choix de travailler avec un dieu plutôt qu'un autre est très personnel. Personne n'est mieux placé que vous pour déterminer quels dieux vous interpellent le plus et qu'il vous est le plus facile à connaître. Les dieux celtiques, grecs, romains, nordiques et égyptiens figurent probablement parmi les dieux les plus populaires auprès des wiccans. Par contre, rien ne vous empêche de travailler avec une déité d'une autre culture.

Une des meilleures façons de trouver les dieux ou les déesses qui vous conviennent consiste à consulter des livres sur la mythologie. À lire beaucoup sur la mythologie. Vous trouverez quelques ouvrages de mythologie dans la liste des lectures recommandées, à la fin de ce livre. Au fil de vos lectures, notez les thèmes ou les récits qui entrent le plus en résonance avec vous. Quelles déités ont des aspects que vous aimeriez inviter dans votre vie ? Quelles déités ont été confrontées à des problèmes similaires à ceux que vous tentez de surmonter ? Lesquelles ont vécu des expériences similaires aux vôtres ? Lesquelles vous interpellent le plus ? Au lieu de choisir un seul dieu, vous pourriez avoir envie de travailler avec un panthéon, c'est-à-dire l'ensemble des dieux associés à une culture, comme les dieux grecs.

Si vous êtes attiré par un panthéon en particulier, une excellente façon d'en apprendre davantage sur ses dieux et d'en trouver un qui vous interpelle davantage consiste à visiter ses lieux sacrés. Il se peut que vous ne puissiez pas entreprendre un tel voyage pour des raisons financières ou pratiques, mais si vous avez la possibilité de le faire, je vous y encourage fortement. Il est tellement plus facile de comprendre l'essence d'un dieu lorsqu'on visite les lieux sacrés d'où il est issu, plutôt que par la lecture. Si vous avez la chance de visiter un tel lieu, notez vos impressions. Quelles images ou sensations percevez-vous ? Qu'est-ce que cet endroit évoque pour vous ?

S'il y a un musée dans votre ville, une autre bonne façon de trouver la culture ou le panthéon qui vous interpelle le plus est d'aller voir des collections d'art provenant de diverses cultures. Quelle forme d'art vous semble la plus familière ? Quelles œuvres vous interpellent davantage ? Vous pourriez étudier la mythologie du peuple ayant produit les œuvres qui vous font le plus vibrer. Le même principe s'applique à la musique. Écoutez la musique de diverses cultures du monde et essayez de découvrir celle qui vous parle le plus. Ensuite, renseignez-vous sur la mythologie associée à cette culture.

Une autre façon de trouver vos dieux et déesses consiste à remonter votre arbre généalogique et à explorer la mythologie du pays ou de la culture d'origine de vos ancêtres. Par exemple, si vous êtes d'origine irlandaise ou écossaise, vous pourriez avoir des affinités avec les dieux celtiques. Si vous êtes afro-américain, vous pourriez jeter un coup d'œil du côté des déités africaines. Les dieux associés à votre lignage pourraient très bien vous interpeller.

Comme si ce n'était pas déjà assez compliqué, il arrive parfois — souvent, en fait — qu'un dieu ou une déesse vous choisisse, et non l'inverse. Il s'agit d'une expérience marquante qui transforme une vie, et qui s'avère même parfois un peu effrayante. Lorsqu'une telle chose se produit, vous commencerez à noter l'apparition de plus en plus fréquente d'éléments ou de symboles associés à une déité dans votre vie quotidienne, dans vos rêves ou au cours de vos méditations. Ces symboles peuvent surgir dans les conversations, à la télévision ou ailleurs. Je connais une wiccane qui a commencé à voir des chouettes partout où elle allait. Au cours d'une très courte période de temps, elle a aperçu une chouette dans un arbre, des images de chouettes sur des bijoux, sur des babillards et même sur le panneau publicitaire d'un autobus. Dans la salle d'attente du médecin, elle a ouvert un magazine au hasard et est tombée sur un article sur les chouettes. Alors qu'elle changeait de chaîne de télévision, elle est tombée sur un documentaire sur les chouettes.

Elle avait de plus en plus l'impression d'être poursuivie par les chouettes! Mais elle comprit le message et commença à s'informer sur les dieux et déesses qui y sont associés.

Vous pourriez même voir dans vos rêves la déité qui vous a choisi. Parfois, les déités ne perdent pas leur temps à tourner autour du pot et à semer des indices énigmatiques. Ils se manifestent, tout simplement et sans détour. Après tout, ils sont des dieux!

Apprendre à connaître vos dieux

Les dieux ont leurs objets de prédilection, comme les humains. Et comme je l'ai déjà mentionné, on les associe aussi à des symboles et à des mythes. En vous invitant à connaître vos dieux, je veux vous inciter à cerner ces préférences, ces symboles et ces mythes. Par exemple, beaucoup de dieux sont associés à un animal, à une plante, à une couleur, à un jour de la semaine, à une saison, à une sorte d'encens, à un style musical, à un geste, à un vêtement, à un bijou, à une pierre ou à un aliment. En plus de lire les mythes associés à un dieu, il est important de bien connaître ces symboles et ces préférences. Grâce à eux, les dieux se sentiront les bienvenus dans votre cercle. Si possible, apprenez un air du pays d'origine de votre dieu et chantez-le pendant votre rituel. Vous pourriez aussi apprendre quelques mots dans la langue de ses premiers adorateurs. Se familiariser avec la langue d'un peuple permet de comprendre un peu sa façon de penser, et cela peut mettre en lumière leur perception de la déité. Pour ma part, j'ai appris un peu d'irlandais dans le but de travailler avec une déesse celtique, et il semble que le simple fait d'utiliser ces quelques mots dans le cercle suffit à attirer l'énergie de la déesse et à la rendre plus palpable. J'ai observé le même phénomène dans une hutte de sudation yaqui, alors qu'une déesse mexicaine était invoquée en espagnol et en nahuatl. Si vous explorez ces différentes avenues, non seulement les dieux se sentiront chaleureusement accueillis, mais vous vous syntoniserez davantage avec eux. Si vous ne trouvez aucune information concernant les éléments associés à une déité en particulier, essayez d'en savoir plus sur la culture d'où ce dieu est issu. Qu'est-ce qui distingue le peuple qui vénère ou vénérait cette déité ? Qu'est-ce que cette particularité révèle au sujet de la déité ? Vous pouvez aussi faire une visualisation guidée pour rencontrer le dieu ou la déesse et lui demander plus de détails.

Lorsque vous aurez trouvé certains éléments caractérisant le dieu ou la déesse qui vous intéresse, essayez de trouver des objets qui le ou la représentent, objets que vous utiliserez pour exécuter un rituel ou pour créer un autel réservé à ce dieu ou à cette déesse. Par exemple, bien que la déesse nordique Freyja soit célèbre pour son fameux collier d'ambre, elle est aussi associée aux chats et aux ours, et on la représente parfois vêtue d'un casque et d'une cuirasse. Vous pouvez intégrer certains de ces éléments à votre rite ou les déposer sur votre autel. Mais vous pouvez aussi inclure d'autres symboles que ces éléments évoquent pour vous. En méditant devant un autel spécialement dressé pour votre déité, vous vous harmoniserez avec l'énergie de cette déité et vous lui prouverez votre respect et votre sincérité. Vous trouverez plus de détails sur les autels au chapitre 8.

LES QUATRE RÈGLES DE BIENSÉANCE

Voici quatre autres règles à garder à l'esprit lorsqu'on travaille avec les dieux. Premièrement, même s'il existe des archétypes et des « catégories » de dieux parmi les divers panthéons du monde, il ne faut pas oublier que les dieux sont le produit de la culture qui les a vénérés. Autrement dit, même si la majorité des cultures ont une déesse mère, les déesses mères ne sont pas toutes pareilles, car elles ont été vénérées par des peuples différents. Par exemple, ce n'est pas parce que la déesse égyptienne Sekhmet et la Morrigan celtique sont toutes les deux associées à la bataille, à la mort et à la destruction qu'elles sont équivalentes. Elles ont chacune leur propre histoire, leurs propres caractéristiques et un contexte culturel distinct. Non seulement ce serait irrévérencieux de nier leurs origines respectives, mais ce serait par ailleurs une très mauvaise idée. Personnellement, je n'oserais pas prendre le risque de contrarier ces deux déesses.

Deuxièmement, et dans le même ordre d'idées, il est important d'étudier les dieux, leur histoire et leur mythologie dans leur contexte afin de les traiter comme il se doit, sans leur imposer nos propres perceptions. Un jour, une femme a tenté de me convaincre que la déesse indienne Kali était une déesse mère tendre et affectueuse. Elle avait raison, si une mère dit « je vais te piétiner le corps, le réduire en bouillie et boire ton sang afin que ta carcasse déchiquetée repose dans la poitrine de la Terre Mère et que ton corps puisse être ramené à la vie ». S'il est vrai qu'il y a un aspect maternel chez Kali, cette déesse ne correspond pas du tout à l'archétype de la mère tendre et affectueuse que cette femme recherchait.

Cela dit, il se pourrait que vous ayez de la difficulté à trouver des renseignements sur certains dieux. Si vous choisissez de travailler avec des dieux moins connus, il vous faudra extrapoler certains éléments à partir des sources que vous serez parvenu à trouver. Je dis bien *extrapoler*, et non *inventer*. Vous pouvez aussi faire une visualisation guidée pour obtenir plus d'information à leur sujet. Bien que cette méthode ne soit pas très scientifique, il est préférable, et surtout plus respectueux, de recourir à cette solution que d'inventer des éléments pour satisfaire vos besoins.

Cela m'amène au troisième point : si vous travaillez avec un ou plusieurs dieux issus d'une culture étrangère, observez bien ce que vous faites et assurez-vous que vos gestes expriment votre appréciation de cette autre culture et que vous ne cherchez pas à vous l'approprier. Il arrive parfois que, par respect pour une autre culture, il soit préférable de ne pas déranger les dieux de cette culture, car les inviter dans le cercle wiccan serait inapproprié. Par exemple, je connais des gens qui pratiquent le vaudou et qui estiment que l'invocation des loa (esprits ancestraux vaudou) par les wiccans en dehors d'un contexte vaudou est irrespectueuse. Pareillement, certains hindous jugent qu'il est inapproprié d'inviter une déité hindoue dans un cercle wiccan étant donné que l'hindouisme est encore pratiqué par plusieurs millions de personnes et que des rites propres au contexte culturel hindou sont célébrés depuis plusieurs générations en l'honneur de ces déités.

Mon dernier point, mais non le moindre, est que beaucoup de wiccans (mais pas tous) considèrent qu'il est inconvenant de réunir dans un même cercle des dieux et déesses provenant de divers panthéons. Par exemple, jamais je n'oserais invoquer Morrigan, Arès et Sekhmet au cours d'un même rituel, et pas seulement pour une raison de tempéraments. Les paroles, les gestes et les symboles s'appliquant à un des dieux ne s'appliqueraient probablement pas aux deux autres. Et même s'ils sont tous des guerriers, ces dieux ne parlent pas le même langage, au sens propre comme au sens figuré. Vous pouvez toujours vous croiser les doigts et espérer qu'ils s'assoiront sagement pour échanger des récits de guerre et comparer leurs prouesses. Mais les échanges pourraient aussi tourner au vinaigre, et dans ce cas, vous n'aurez sûrement pas envie de vous retrouver au beau milieu d'un tel combat de coqs. Par ailleurs, évitez d'invoquer des dieux du même panthéon si ceux-ci se détestent. Effectuez bien vos recherches. Généralement, la lecture des mythes vous permettra de déterminer assez facilement qui s'entend avec qui.

Comme je l'ai déjà mentionné, les wiccans entretiennent une relation très profonde avec leurs dieux. En apprenant les mythes, la culture et les préférences d'une déité, non seulement votre relation avec elle s'approfondira, ce qui est déjà une récompense en soi, mais vos rituels et votre magie gagneront en puissance. Une fois que vous aurez identifié le dieu (ou la déesse) avec lequel vous aimeriez travailler et que vous aurez entrepris quelques recherches à son sujet, vous pourrez faire sa connaissance en utilisant une variante du rituel «Apprendre à connaître le Dieu et la Déesse» qui figure au début du présent chapitre. Vous n'avez qu'à modifier l'exercice en y intégrant des symboles associés à la déité choisie.

INVITER LES DIEUX DANS LE CERCLE

Il y a deux raisons principales pour lesquelles on invite le Dieu et la Déesse (ou une autre déité) dans un cercle. D'abord, vous aimeriez peut-être les inviter à assister à votre rituel dans le but de les honorer et pour communier et communiquer avec eux. Vous pourriez aussi leur adresser une requête, par exemple dans le but de recevoir un conseil ou d'obtenir de l'aide pour faire de la magie. Vous pourriez aussi les invoquer pour ces deux raisons à la fois. Beaucoup de wiccans invoquent le Dieu et la Déesse chaque fois qu'ils forment un cercle parce qu'ils ont tout simplement envie d'être en leur compagnie et de profiter de leur présence — comme s'il s'agissait de membres de leur famille. D'autres ne les invoquent qu'à l'occasion des huit sabbats wiccans (voir le chapitre 9).

On invoque généralement le Dieu et la Déesse après avoir tracé le cercle et invoqué les points cardinaux, s'il y a lieu. Aucune règle ne statue qui, du Dieu ou de la Déesse, vous devez d'abord invoquer. Certains wiccans invoquent d'abord la Déesse, car c'est elle qui a créé l'Univers. D'autres invoquent d'abord le Dieu, parce qu'il représente l'étincelle de vie. À vous de choisir.

Il n'est pas nécessaire d'allumer une chandelle chaque fois que vous souhaitez vous entretenir avec le Dieu et la Déesse, comme vous l'avez fait dans le rituel intitulé «Faire connaissance avec le Dieu et la Déesse». Toutefois, l'autel comporte généralement une chandelle pour le Dieu et une chandelle pour la Déesse. Vous les allumerez à tour de rôle, au moment où vous les invoquerez. Dans l'exemple qui suit, nous supposerons que vous utilisez des chandelles et que vous commencez par invoquer la Déesse.

Nous supposerons également que vous disposez d'un autel (voir le chapitre 8). L'autel peut être une simple table recouverte d'une nappe sur laquelle vous aurez déposé les chandelles représentant le Dieu et la Déesse. La chandelle du Dieu devrait être rouge ou dorée et celle de la Déesse, blanche ou argentée. Dans cet exemple, nous prétendrons aussi que vous ne demanderez pas au Dieu et à la Déesse de vous aider à faire de la magie.

1. Nettoyez et purifiez votre espace rituel.
2. Ancrez-vous.
3. Installez votre autel au centre du futur cercle.
4. Tracez votre cercle.
5. Si vous le désirez, invoquez les points cardinaux.
6. Allez devant l'autel, allumez la chandelle de la Déesse, levez les bras en l'air en forme d'Y, paumes vers l'avant, et récitez une formule semblable à celle-ci :

   Grande Déesse, mère universelle, dame de la Lune, je te prie d'honorer mon rituel de ta présence.

7. Pendant que vous prononcez ces paroles, sentez la présence de la Déesse emplir le cercle. Sentez son énergie circuler dans l'espace sacré. Sur votre écran mental, cela pourrait ressembler à un clair de lune. Sachez qu'elle est là. N'attirez pas son énergie dans votre corps.
8. Allumez ensuite la chandelle du Dieu, mettez vos bras en forme d'Y, comme précédemment, et récitez une formule semblable à celle-ci :

   Grand Dieu, père, seigneur du Soleil, seigneur des forêts, seigneur de la chasse, je te prie d'honorer mon rituel de ta présence.

9. Pendant que vous prononcez ces paroles, sentez la présence du Dieu emplir le cercle. Sentez son énergie circuler dans l'espace sacré. Sur votre écran mental, cela pourrait

ressembler à la lumière du soleil. Sachez qu'il est là. N'attirez pas son énergie dans votre corps.

10. Maintenant, si vous le souhaitez, vous pouvez vous entretenir davantage avec les dieux ou, si vous célébrez un sabbat, vous pouvez accomplir le rite du sabbat (voir le chapitre 9).

11. Lorsque vous aurez terminé votre rituel, retournez devant l'autel et récitez une formule semblable à celle-ci :

> *Grand Dieu, merci d'avoir honoré mon rituel de ta présence. Au revoir.*

12. Éteignez la chandelle du Dieu. Puis, récitez une formule semblable à celle-ci :

> *Grande Déesse, merci d'avoir honoré mon rituel de ta présence. Au revoir.*

13. Éteignez la chandelle de la Déesse.

14. Si vous avez invoqué les points cardinaux, congédiez-les, effacez votre cercle et ancrez-vous.

Si vous souhaitez faire de la magie dans votre cercle, vous n'avez qu'à modifier ce simple rituel. Vous pourriez par exemple changer les invocations et les formules de clôture comme suit :

> *Grande Déesse, mère universelle, dame de la Lune, je te prie d'honorer mon rituel de ta présence et de m'aider à effectuer mon sortilège de guérison (ou autre).*

> *Grande Déesse, merci d'avoir honoré mon rituel et ma magie de guérison (ou autre) de ta présence. Au revoir.*

> *Grand Dieu, père, seigneur du Soleil, seigneur des forêts, seigneur de la chasse, je te prie d'honorer mon rituel de ta présence et de m'aider à effectuer mon sortilège de guérison (ou autre).*

> *Grand Dieu, merci d'avoir honoré mon rituel et ma magie de guérison (ou autre) de ta présence. Au revoir.*

Vos formules peuvent être beaucoup plus poétiques que celles que je vous ai proposées. Ces exemples rudimentaires ne servent qu'à vous faire démarrer. Si vous travaillez avec un dieu ou une déesse en particulier, vous pouvez (et devriez) adapter les invocations en conséquence. En voici quelques exemples :

> *Grande mère Isis, déesse de la terre, protectrice des défunts, je te prie de te joindre à moi pour bénir mon rituel et ma magie.*

> *Seigneur Apollon, dieu de la lumière, dieu de la musique, dieu de la prophétie, transmets ta grande puissance à mon rituel et à ma magie.*

> *Cerridwen, déesse de la transformation, muse des poètes, fais rayonner ton inspiration sur mon rituel et ma magie.*

> *Thor, dieu du tonnerre et de la foudre, dieu du ciel, protège et bénis ce cercle et tout ce qu'il renferme.*

Si vous menez bien vos recherches et que vous apprenez à bien connaître vos dieux, vous n'aurez aucun mal à réciter vos invocations. Si elles sont sincères et qu'elles viennent droit du cœur, elles seront entendues.

8

LES OUTILS ET
LES AUTELS

Jusqu'à maintenant, vous avez appris à créer un cercle rituel et à invoquer les points cardinaux et les dieux. Comme je l'ai déjà dit, il est important de pouvoir accomplir ces gestes sans recourir aux outils rituels, car ces derniers ne sont, en définitive, que des accessoires. La seule force utilisée pour créer un cercle provient du wiccan, lequel utilise sa volonté pour canaliser l'énergie tellurique. Si j'ai mis ce chapitre après les autres, c'est qu'il est facile pour un apprenti wiccan de se laisser distraire par les outils et de perdre de vue l'essentiel — son propre développement spirituel et parapsychique. Quand bien même vous auriez les plus beaux outils qui soient, ceux-ci ne feront pas le travail mental et énergétique de la Wicca à votre place.

Mais alors, pourquoi utilise-t-on des outils ? Les outils magiques du wiccan sont un peu comme un prolongement de lui-même. Ils sont imprégnés de l'énergie de leur détenteur, ce qui les met en phase avec sa volonté. Ils donnent de la puissance aux rituels et à la magie en aidant celui qui les utilise à canaliser son énergie. En outre, puisque les outils sont utilisés exclusivement pour les rituels ou la magie, et puisque chaque outil a une forte valeur symbolique, le simple fait de saisir un outil aide le pratiquant à se mettre dans un état d'esprit propice au rituel.

Les outils rituels de la Wicca n'ont pas besoin d'avoir une grande valeur monétaire ni d'être très recherchés. Cependant, ils doivent se démarquer et avoir une signification particulière pour leur détenteur. Selon certaines traditions wiccanes orales, un wiccan devrait fabriquer ses propres outils. Mais comme nous ne sommes pas tous forgeron ni sculpteur, cette règle peut être assez difficile à mettre en pratique. Néanmoins, si vous avez l'occasion de fabriquer ou de modifier certains de vos outils, vous leur insufflerez une partie de vous-même.

LES PRINCIPAUX OUTILS WICCANS

Voici une courte liste des principaux outils utilisés dans la Wicca . Certaines traditions wiccanes utilisent d'autres outils, mais comme ce livre porte sur la Wicca en général, nous nous en tiendrons aux outils de base.

L'athamé

L'athamé est l'outil le plus important du wiccan. Il s'agit d'un couteau rituel à double tranchant qui comporte généralement, mais pas toujours, une poignée noire. Les deux côtés de la lame symbolisent le Dieu et la Déesse, qui convergent vers un point unique, de même que l'union du spirituel et du mondain. Ils sont un rappel que le pouvoir va toujours de pair avec la responsabilité. L'athamé peut être affûté ou non, au choix de son détenteur. L'athamé n'est jamais utilisé pour couper autre chose que de l'énergie et de l'air. Certaines traditions soutiennent que si l'athamé fait couler du sang, il doit alors être détruit. Cet avis est cependant loin de constituer une croyance wiccane universelle. Néanmoins, si vous avez tendance à laisser tomber des objets sur vos pieds, vous devriez peut-être opter pour un athamé pas trop tranchant. Le fait qu'il soit affûté ou non ne change rien à l'efficacité de cet objet magique.

L'athamé sert à concentrer et à diriger l'énergie, surtout au moment de dessiner le cercle ou d'invoquer les points cardinaux. Il est généralement associé à l'élément air et à l'est, mais certains l'associent au feu et au sud. Il symbolise la volonté du wiccan. Il arrive parfois que les membres d'un cercle ou d'un groupe partagent certains outils wiccans. Par contre, l'athamé reste toujours un outil très personnel. Ne touchez jamais l'athamé d'autrui (ni aucun de ses outils rituels) sans avoir obtenu sa permission.

La baguette

La baguette n'est rien d'autre qu'un bâton sophistiqué. Peut-être trouverez-vous mes propos irrévérencieux, mais traditionnellement, une baguette est une branche effilée qui a été coupée pour qu'elle ait une certaine longueur, au moins 30 centimètres, en général. Cela m'amène donc à dire que c'est un bâton. Comme la longueur de la baguette varie d'une tradition à l'autre, vous pouvez donner à la vôtre la longueur qui vous plaît. La baguette peut être dépouillée ou non de son écorce. Certains wiccans y gravent des symboles magiques. L'essence d'arbre utilisée varie aussi d'une tradition à l'autre, mais les essences les plus couramment utilisées sont le chêne, le frêne et le saule. Ne taillez pas votre baguette à même un arbre vivant; choisissez plutôt une branche déjà tombée. Certains wiccans aiment remercier l'arbre qui leur a fourni la branche en déposant de l'eau ou du compost à sa base en guise d'offrande.

Vous pouvez aussi fabriquer votre propre baguette à partir d'un gros goujon acheté dans une quincaillerie, mais à mon avis (lequel est très subjectif), une branche d'arbre est beaucoup plus «organique», faute de trouver un meilleur mot. Si vous allez sur des sites Internet, comme eBay ou d'autres sites qui vendent des baguettes, vous trouverez un vaste choix de produits fabriqués à partir de divers matériaux: cuivre, cristaux, bois de cerf, os, argent et acier, entre autres. Même si ces baguettes ne sont pas en bois, elles peuvent toutes faire parfaitement l'affaire, si telle est votre intention. Le plus important est que la baguette soit en phase avec son détenteur.

Tout comme l'athamé, la baguette sert à concentrer l'énergie. Elle est généralement utilisée pour invoquer les dieux, car après tout, il serait irrespectueux et imprudent de pointer un athamé tranchant et pointu vers Athéna ou Loki. La baguette peut aussi servir à invoquer les points cardinaux et à tracer le cercle. Elle est plus particulièrement utilisée dans les rituels invoquant le Dieu cornu ou comportant un symbolisme phallique. La baguette est parfois sculptée en forme de phallus, et elle est généralement reliée au feu et au sud, mais certains wiccans l'associent à l'air et à l'est.

Le calice

Le calice représente la Déesse et l'utérus. Il est utilisé pour boire, surtout au cours des rituels où le symbolisme féminin occupe une place importante. Un rituel courant dans les cercles wiccans consiste à faire descendre la lame de l'athamé dans le calice pour symboliser l'union sexuelle du Dieu et de la Déesse. Le calice peut être composé de pratiquement n'importe quel matériau : verre, céramique, bois, métal et bien d'autres. Mais je ne vous recommande pas les calices en plastique. Dans notre cercle de formation, nous gardons un calice supplémentaire au cas où quelqu'un oublierait le sien. Il est en plastique et il ne fait tout simplement pas l'affaire. Si vous choisissez un calice en métal, vérifiez les métaux qui le composent et assurez-vous que vous pourrez y boire sans danger. Si vous êtes doté d'une maladresse légendaire, optez pour un calice en bois. Je connais une grande prêtresse reconnue pour sa tendance à bousculer les calices en céramique, lesquels se fracassent alors en mille miettes sur le sol. Il y a dans notre placard plusieurs calices de rituel rafistolés avec de la colle. Souvent, vous trouverez d'excellents calices dans les foires artisanales et les magasins d'articles d'occasion. Le calice est associé à l'eau et à l'ouest.

Le chaudron

Le chaudron est une grosse marmite à trois pattes en fonte. Tout comme le calice, le chaudron représente l'énergie féminine. On l'utilise aussi pour y faire brûler des choses ou pour faire un « feu de joie ». (Remplissez la moitié du chaudron avec de la litière pour chat en argile, plantez-y des chandelles et allumez-les. Gardez un extincteur à portée de main et soyez vigilant ! Faites ceci à l'extérieur.) Même si Shakespeare a essayé de vous faire croire que les sorcières et les wiccans utilisent leurs chaudrons pour y faire mijoter toutes sortes de mixtures, c'est en fait rarement le cas. Les wiccans utilisent une cuisinière comme tout le monde ! Vous trouverez ces petits chaudrons dans les boutiques ésotériques, de même que sur le Web. Vous pouvez aussi jeter un coup d'œil du côté des antiquaires et des marchés aux puces, surtout dans les zones rurales. Le chaudron est associé à l'eau et à l'ouest.

Le balai

Le balai rituel wiccan peut être un balai ordinaire, un balai décoratif comme on en trouve dans les boutiques d'artisanat, ou encore un balai fabriqué à la main. Les brindilles du balai représentent le pubis de la femme, tandis que son manche évoque un phallus. Le balai symbolise donc l'union sexuelle du Dieu et de la Déesse. Il est utilisé avant la création du cercle pour disperser les énergies qui se trouvent dans l'espace sacré. Certains wiccans utilisent aussi le balai pour faire monter l'énergie dans le cercle. Le balai est associé à la terre et au nord ou à l'air et à l'est.

L'encensoir et l'encens

Les wiccans font souvent brûler de l'encens dans le cercle rituel, pour créer une ambiance et attirer le type d'énergie nécessaire à leur rituel. Les plantes et les odeurs possèdent toutes des correspondances magiques. Les wiccans utilisent aussi l'encens pour purifier l'espace rituel et pour consacrer leurs objets rituels en les passant dans la fumée. Vous pouvez utiliser n'importe quelle sorte d'encens et d'encensoir pour un rituel wiccan. La plupart des wiccans que je connais font brûler de l'encens en granules sur un charbon, mais rien ne vous empêche d'utiliser des bâtons ou des cônes. Ce qui est intéressant avec l'encens en granules, c'est que vous pouvez y mêler vos propres plantes ou vous procurer un mélange sur mesure qui répond parfaitement à vos besoins. Faites attention, car certaines plantes sont toxiques et la fumée qu'elles libèrent en se consumant ne doit pas être inhalée. Si vous avez envie de fabriquer votre propre encens, vérifiez l'innocuité de chaque plante avant de l'intégrer à votre mélange. L'encensoir et l'encens représentent le feu et l'air, de même que le sud et l'est.

Le sel et l'eau

Beaucoup de wiccans déposent un bol de sel et un bol d'eau sur leur autel. La plupart du temps, on mélange une partie du sel avec l'eau, et cette eau salée est ensuite utilisée pour bénir et purifier le cercle rituel. On peut également s'en servir pour consacrer des objets en vue de leur utilisation rituelle. L'eau peut aussi s'avérer utile si jamais un incident survient avec l'encens ou les chandelles. Le sel et l'eau sont associés à la terre et à l'eau, de même qu'au nord et à l'ouest.

Les chandelles

Les wiccans utilisent des tonnes de chandelles. Je n'ai jamais pris part à un rituel wiccan où il n'y avait aucune chandelle. Comme je l'ai déjà mentionné, les wiccans déposent des chandelles sur leur autel pour représenter le Dieu et la Déesse. Elles peuvent aussi servir à lire dans l'obscurité et à marquer les points cardinaux. Parfois, elles sont là simplement pour créer une certaine ambiance. Par ailleurs, elles sont souvent utilisées pour faire de la magie. Choisissez une couleur en lien avec l'objectif de votre opération magique ou de votre rituel. Vous trouverez plus de détails sur les diverses significations que peut prendre chaque couleur dans plusieurs des livres de la liste des lectures recommandées. Vous pouvez utiliser le type de chandelle qui vous plaît. Les bougies de sept jours, qu'on trouve dans les magasins d'articles chrétiens, les boutiques ésotériques ou dans certaines épiceries latines, font particulièrement bien l'affaire. En effet, elles font à la fois office de chandelle et de bougeoir, et vous risquez beaucoup moins de les renverser que les chandelles longues et fines. Un des membres de mon cercle a un don particulier pour dénicher des boîtes pleines de chandelles non utilisées dans les ventes-débarras. Peu importe le type de chandelle que vous utilisez, vérifiez la solidité et la stabilité de votre bougeoir et gardez toujours un extincteur à portée de main. Surveillez aussi vos cheveux et vos manches ! Il m'est arrivé à deux reprises de participer à un rituel au cours duquel les cheveux d'une femme se sont enflammés à son insu. Les deux fois, ce n'est que lorsque les autres participants se sont mis à lui taper sur la tête pour éteindre le feu qu'elle s'est rendu compte de ce qui lui arrivait. Dans un autre rituel qui se pratiquait nu, un des participants a accidentellement éteint la chandelle du Dieu avec son derrière dévêtu. Comme vous pouvez l'imaginer, cette journée est restée gravée dans sa mémoire ! Les chandelles représentent bien sûr le feu et le sud.

Le couteau tout usage

Puisque l'athamé ne doit pas être utilisé pour couper des choses solides, il est utile d'avoir un couteau tout usage rituel pour couper les plantes, la ficelle ou tout ce dont vous pourriez avoir besoin au cours d'un rituel ou d'une pratique magique, ou encore pour graver des symboles sur une chandelle ou sur votre baguette. Le couteau tout usage peut être un couteau de n'importe quelle nature, mais il doit servir exclusivement aux rituels et à la magie.

Les statues

Les wiccans mettent souvent des statues sur leur autel pour représenter le Dieu et la Déesse. Ce n'est pas une obligation, mais les statues aident à créer une atmosphère spirituelle. Vous pouvez trouver de magnifiques statues sur le Web ou dans les boutiques ésotériques. Le site Internet *Sacred Source* (www.sacredsource.com) propose une sélection impressionnante de statues.

Le livre des ombres

Le livre des ombres, ou LDO, pour les intimes, est à la fois un livre de sortilèges et un journal magique. Les wiccans l'utilisent pour prendre en note les rituels et les sortilèges qu'ils ont créés et pour indiquer si le sortilège a fonctionné ou non. Il peut prendre la forme d'un cahier à anneaux ou d'un livre vierge relié. Certains wiccans dessinent de magnifiques ornements sur le contour de leurs pages, comme s'il s'agissait d'un manuscrit médiéval. D'autres livres, au contraire, sont très épurés. Vous pourriez conserver votre LDO sur le disque dur de votre ordinateur, mais il est un peu plus compliqué d'apporter votre ordinateur dans le cercle. Si vous jetez un coup d'œil sur le Web, et plus particulièrement sur eBay, vous remarquerez que certaines personnes y vendent des livres des ombres. La plupart du temps, ces ouvrages ont été plagiés ou ne sont pas authentiques, et ceux qui les vendent ont pour seul but de vous soutirer le plus d'argent possible. Le meilleur livre des ombres est celui transmis par votre tradition, si vous en avez une, ou celui que vous aurez vous-même créé, ou encore une combinaison des deux. À force d'explorer votre voie, vous trouverez ou créerez des techniques et des rituels efficaces et votre livre prendra du volume.

Cette liste d'outils ne se veut pas exhaustive, mais elle présente les outils de base. Je ne vous recommande pas de vous lancer précipitamment à la recherche de chaque outil mentionné. Prenez plutôt votre temps. Ainsi, vous aurez le temps de trouver ou de fabriquer des outils qui vous parlent davantage.

LES AUTELS WICCANS

Les wiccans semblent adorer leurs autels. On ne saura jamais si leur adoration découle de leur attachement aux dieux ou de leur attachement aux bibelots (ou les deux), mais ce qui est certain, c'est que l'autel est un lieu qui permet aux wiccans d'exprimer leur foi, de faire du travail spirituel, de ranger leurs outils rituels et de laisser s'exprimer la Martha Stewart[9] qui sommeille en eux. L'autel wiccan peut être aussi rudimentaire qu'une petite étagère sur laquelle reposent une pomme de pin et une chandelle. Il peut être beaucoup plus élaboré, comme une grande table recouverte d'une nappe sur laquelle on aura déposé des chandelles, de l'encens, des fleurs, des outils rituels et des statues. Pour les wiccans, l'autel constitue autant un élément décoratif qu'un lieu de dévotion installé dans leur maison ou dans leur jardin. Les autels sont aussi utilisés pour les rituels. Aux fins du présent chapitre, un « autel de dévotion » désignera un autel dressé en permanence dans votre maison ou dans votre jardin, tandis qu'un « autel de rituel » désignera un autel utilisé seulement à l'intérieur d'un cercle rituel.

La surface

Comme il n'existe aucune règle concernant la taille ou le degré de raffinement d'un autel wiccan, choisissez quelque chose qui vous convient et vous interpelle. J'ai déjà vu des autels qui avaient été dressés sur une table d'appoint, une table de salon, une étagère, un classeur, une table de couture, une commode, un bureau, une caisse à lait, une planche, une pierre plate, une petite butte de terre, un pas japonais, un plateau, un manteau de cheminée,

9. N.d.T. : Femme d'affaires américaine célèbre pour ses magazines et son émission de télévision sur la décoration intérieure et les arts ménagers.

une vieille malle, un coffre en cèdre, une tablette décorative, le dessus d'un réfrigérateur, un cabinet mural et même une vieille pierre tombale. (Comme il y avait une faute dans l'inscription, la pierre tombale n'avait jamais été utilisée.) Si vous créez un autel de dévotion, mieux vaut utiliser une petite table ou le dessus d'une étagère. Par contre, si vous n'avez pas l'argent ni l'espace nécessaires, ne vous en faites pas. N'importe quelle surface plane fera l'affaire, pourvu qu'elle soit facile à nettoyer et facile d'accès pour vos méditations. Si vous avez un peu d'argent à dépenser, essayez de dénicher une vieille table d'appoint dans un magasin d'articles d'occasion. Elles sont généralement peu dispendieuses. Si la table que vous trouvez n'est pas très belle (c'est souvent le cas, sinon elle n'aurait pas abouti dans ce magasin), peignez-la ou couvrez-la d'une nappe bon marché. Si vous avez des animaux de compagnie, n'oubliez pas d'en tenir compte lorsque vous installerez votre autel de dévotion. Les chats (ainsi que certains chiens et la plupart des perroquets) sont naturellement attirés par les surfaces instables, surtout celles sur lesquelles sont posés des bibelots fragiles. Si votre chat ou votre chien est particulièrement curieux, pensez à installer votre autel de dévotion en hauteur ou sur une surface très solide, ou encore mieux, les deux. (La table pliante n'est pas recommandée, dans ce cas!)

Pour créer un autel de rituel, vous aurez besoin d'un meuble facile à démonter et à ranger ou que vous pourrez mettre de côté une fois votre rituel terminé. Je trouve que les malles et les coffres se prêtent particulièrement bien à cet usage, car on peut y ranger nos outils rituels et utiliser leur surface comme autel en vue de pratiquer un rituel. Vous pouvez aussi utiliser une table ou un meuble du quotidien. Je connais beaucoup de wiccans qui apportent leur table de salon dans leur cercle le temps d'un rituel et qui la remettent ensuite à sa place. Il est essentiel que votre autel de rituel soit très stable, surtout si vous prévoyez de circuler autour de lui ou y déposer des chandelles.

Nappe et autres accessoires

Une fois que vous aurez trouvé la surface qui vous servira d'autel, voyez si vous souhaitez la recouvrir. La plupart des autels wiccans sont couverts d'une sorte de nappe d'autel, mais j'ai déjà vu des autels sur lesquels avaient été peints des symboles magiques, par exemple des étoiles, des lunes ou des spirales. Si vous désirez utiliser une nappe, vous pouvez en acheter une neuve ou vous en procurer une d'occasion dans une friperie ou une vente-débarras. Ou encore, fouillez dans vos propres tiroirs! Vous pouvez aussi utiliser des tombées de tissu, acheter du tissu neuf ou récupérer un foulard ou un paréo. Vous pouvez même utiliser les napperons en dentelle de votre grand-mère, pourvu que votre autel ne soit pas destiné à une déité comme Thor ou Arès. Que vous dressiez votre autel à des fins dévotionnelles ou rituelles, vous pouvez changer de nappe de temps à autre afin que leurs couleurs et leurs textures reflètent la saison ou le sabbat en cours.

Maintenant que vous disposez de la surface idéale, que devez-vous y déposer? Encore une fois, il n'existe pas de règles strictes à ce sujet, mais en général, on y dépose des chandelles, des statues, des fleurs, des pierres, des plumes, des coquillages, de l'encens et un encensoir, ainsi que les outils rituels du wiccan. Parfois, on y trouve aussi u ne boisson ou un aliment associé au sabbat ou à la déité. À moins que ceux-ci ne soient bien emballés, n'oubliez pas de les changer de temps à autre, sans quoi vous pourriez vous retrouver avec des problèmes d'insectes et de moisissures.

Comme je l'ai mentionné au chapitre 7, si vous souhaitez dresser un autel de dévotion pour une déité en particulier, il vous faudra trouver des articles qui la représentent. Par exemple, chez moi, j'ai dressé un autel en l'honneur de Morrigan, une déesse guerrière d'origine celtique. La surface de l'autel est recouverte d'une nappe rouge sur laquelle j'ai déposé une chandelle dans un bougeoir rouge en forme de chaudron, une statue de Morrigan, le crâne, les

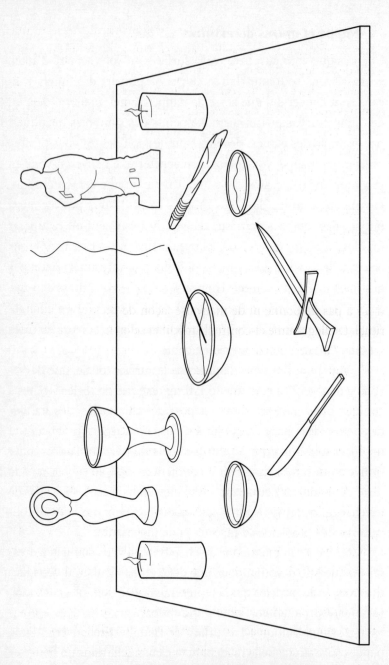

Exemple de disposition de l'autel

plumes et les pattes d'une corneille, une figurine de corbeau, une pièce de monnaie sur laquelle est gravée un loup, mon bracelet à motif de corbeau et mon collier rituel en ambre cerise. Les loups, les corneilles et les corbeaux sont des animaux associés à Morrigan. Et comme elle est la déesse des batailles, j'imagine qu'elle doit aimer la couleur rouge. Je n'ai pas mis de fleurs sur mon autel parce que ça ne concorde pas du tout avec le tempérament de Morrigan.

Les autels de rituel font souvent appel à des éléments décoratifs, comme le maïs, pour l'équinoxe d'automne. Mais on doit d'abord et avant tout y trouver les outils et les accessoires qui seront utilisés pendant le rituel. Souvent, la disposition des articles sur l'autel comporte une valeur symbolique. Ainsi, l'encensoir sera mis du côté sud de l'autel parce qu'il est associé au feu. Mais parfois, l'essentiel est de placer les articles de sorte qu'ils soient accessibles et prêts à servir. Il n'y a pas de bonne ni de mauvaise façon de dresser un autel de rituel. Le diagramme ci-contre [[à modifier selon la disposition de la version française]] montre un exemple de disposition pour votre autel. Vous pouvez utiliser cette disposition telle quelle, la modifier comme bon vous semble ou la changer complètement.

Dans cet exemple de disposition, l'autel fait face au nord. Cette orientation est fréquemment utilisée dans la Wicca , bien qu'il arrive parfois que l'autel soit orienté vers une autre direction. Comme je suis droitière, l'athamé a été mis à droite pour être plus facile à prendre. Étant donné que l'athamé est très utilisé à l'intérieur du cercle, je veux qu'il soit accessible. Le couteau tout usage se trouve à gauche, pour créer un équilibre avec l'athamé. L'encensoir est placé au centre de l'autel, là où il court le moins de risques d'être renversé. La chandelle et la statue du Dieu se trouvent à droite parce que le Dieu constitue le principe actif et que, comme je l'ai déjà mentionné, certains considèrent la main droite comme la main active. La statue et la chandelle de la Déesse ont été placées à gauche, car cette dernière représente le principe réceptif. L'eau et le sel sont respectivement à l'ouest et à l'est, par souci d'équilibre et d'harmonie. En effet, si l'eau symbolise bel et bien l'ouest, le sel (terre) ne correspond pas à l'est, mais au nord. Comme le calice symbolise la Déesse, il a été placé près de la statue et de la chandelle de la Déesse. Pour la même raison, la baguette figure à côté de la statue et de la chandelle du Dieu. Le balai ne doit pas être mis sur l'autel.

N'oubliez pas que tous ces objets ne sont pas indispensables pour qu'un rituel fonctionne! Si vous êtes plutôt du genre minimaliste et que vous détestez les lieux encombrés, rien ne vous oblige à placer tous les outils sur l'autel. De toute façon, la plupart des gens n'utilisent jamais tous ces outils au cours d'un seul rituel.

CONSÉCRATION DES OUTILS

La plupart des wiccans consacrent chacun de leurs outils avant d'en faire un usage rituel. «Consacrer» signifie rendre un objet sacré, ou le dédier à une déité ou à un usage spirituel. Lorsque vous consacrez vos outils, vous dites à peu près ceci: «Je dédie ces outils à mes dieux, à ma voie spirituelle et à l'accomplissement de ma volonté.» Notez que si vous choisissez de consacrer vos outils, une seule fois suffit; il n'est pas nécessaire de le faire chaque fois que vous créez un cercle. Voici un exemple de rituel servant à consacrer les outils. Comme pour chaque exercice et chaque rituel figurant dans ce livre, vous pouvez l'adapter à vos besoins.

Matériel requis :

- Un bol de sel et un bol d'eau. Environ une cuillérée à table de sel suffira, mais remplissez votre bol d'eau environ à la moitié. Attention de ne pas trop le remplir.
- Un encensoir et de l'encens (ne l'allumez pas tout de suite), de même que des allumettes ou un briquet.
- Votre athamé.

- Tous vos autres outils rituels. Ne vous en faites pas si vous ne les avez pas encore tous trouvés. Il n'est pas nécessaire de tous les consacrer au cours du même rituel. Si c'est le cas, votre rituel sera très long.
- Un chiffon propre et sec.

Directives pour le rituel

1. Installez votre autel au centre du futur cercle. Déposez l'eau, le sel et tous vos outils à côté ou en dessous de l'autel. Vous pouvez allumer une chandelle sur l'autel pour vous éclairer.
2. Ancrez-vous.
3. Purifiez l'espace par la visualisation plutôt qu'avec le balai.
4. Tracez le cercle en utilisant vos doigts plutôt que l'athamé ou la baguette.
5. Invoquez les points cardinaux, encore une fois avec vos doigts, pas avec l'athamé ni la baguette.
6. Invoquez le Dieu et la Déesse.
7. Allez devant l'autel. Vous pouvez vous asseoir ou rester debout. Placez vos deux mains sur la surface de l'autel et faites monter l'énergie de la terre le long de votre racine. Récitez une formule semblable à celle-ci :

   > Je bénis et consacre cet autel au nom de la Déesse et du Dieu, et en la présence des pouvoirs des quatre éléments. Puisse-t-il m'aider à honorer mes dieux et à accomplir ma volonté. Béni soit-il.

8. Pendant que vous prononcez ces paroles, visualisez l'énergie de la terre qui sort de vos mains et qui charge l'autel, l'imprégnant de sa puissance et éliminant les énergies indésirables ou négatives qu'il pourrait contenir. Il est rare que les tables abritent des énergies négatives (pourquoi iraient-elles s'établir dans une table ?), mais ce n'est pas

une mauvaise chose d'extraire les vibrations de son ancien propriétaire, s'il y a lieu.

9. Ensuite, placez le bol de sel et le bol d'eau sur l'autel. Mettez votre index et votre majeur dans l'eau et récitez une formule semblable à celle-ci :

> *Je bénis et consacre cette eau et ce bol au nom de la Déesse et du Dieu, et en la présence des pouvoirs des quatre éléments. Puissent-ils m'aider à honorer mes dieux et à accomplir ma volonté. Bénis soient-ils.*

10. Pendant que vous prononcez ces paroles, faites monter l'énergie de la terre le long de votre racine et laissez-la imprégner l'eau et le bol pour qu'ils se remplissent d'énergie.

11. Répétez la même procédure avec le sel, puis versez le sel dans l'eau et mélangez avec vos deux doigts.

12. Posez ensuite l'encensoir et l'encens sur l'autel et répétez la formule de bénédiction pour chacun. Puis, mettez l'encens dans l'encensoir et allumez l'encens.

13. Lorsqu'on consacre des outils, la tradition veut qu'ils soient exposés aux quatre éléments. Ces derniers sont représentés ici par l'encens et l'eau salée. Aspergez doucement l'autel et l'encensoir d'eau salée (attention de ne pas éteindre l'encens !). Ensuite, prenez l'encensoir dans votre main (s'il est résistant à la chaleur et sécuritaire) et ventilez la fumée vers l'autel et les bols. Maintenant, tous les articles qui se trouvent sur l'autel ont reçu la bénédiction des quatre éléments.

14. Ensuite, prenez l'athamé. Faites monter l'énergie tellurique le long de votre racine et récitez une formule semblable à celle-ci :

> *Je bénis et consacre cet athamé au nom de la Déesse et du Dieu, et en la présence des pouvoirs des quatre éléments. Puisse-t-il m'aider à honorer mes dieux et à accomplir ma volonté. Béni soit-il.*

15. Aspergez l'athamé d'eau salée et tenez-le quelques instants dans la fumée de l'encens. *Prenez ensuite le chiffon et essuyez l'eau salée sur la lame de l'athamé.* Même si vous n'avez pas besoin d'essuyer l'eau salée sur chaque outil, il est important de ne pas en laisser sur la lame de votre athamé ou de votre couteau tout usage, sinon des traces de rouille ou des signes de corrosion commenceront à apparaître. Je vous recommande aussi d'appliquer une pâte à polir sur la lame après le rituel. Les véritables wiccans savent parfaitement quoi faire pour entretenir leurs lames! L'athamé est votre outil le plus précieux, prenez-en le plus grand soin.

16. Répétez la procédure avec chaque outil, mais cette fois, plutôt que de prendre l'outil dans votre main ou de le pointer avec vos doigts, dirigez l'énergie tellurique vers l'outil à l'aide de votre athamé. Aspergez chaque outil d'eau salée et passez-les dans la fumée. Vous n'êtes pas tenu de consacrer chaque chandelle ou chaque paquet d'encens que vous prévoyez utiliser, sauf si vous en avez envie. Par contre, c'est une bonne idée de consacrer les bougeoirs.

17. Lorsque vous avez terminé, remerciez le Dieu et la Déesse d'avoir assisté à votre rituel.

18. Congédiez les points cardinaux.

19. Démontez le cercle.

20. Ancrez-vous.

21. Rangez vos outils nouvellement consacrés à l'abri, dans un lieu spécial.

elle accorde beaucoup d'importance à la ronde de nuit

9

LES FÊTES WICCANES ET LA ROUE DE L'ANNÉE

Les wiccans célèbrent les fêtes (appelées sabbats) et les pleines lunes. Comme la Wicca est une religion axée sur la nature, elle accorde beaucoup d'importance à la ronde des saisons, que les wiccans appellent « roue de l'année ». La roue wiccane comporte huit rayons et chacun d'entre eux représente un sabbat. Les sabbats marquent un point important dans l'année en cours et dans la progression de la Terre autour du Soleil. Ils ont lieu environ toutes les six semaines. Quatre d'entre eux correspondent aux solstices et équinoxes, tandis que les quatre autres tombent entre chaque solstice et chaque équinoxe.

En plus de marquer le passage des saisons, les sabbats wiccans racontent l'histoire du Dieu et de la Déesse et célèbrent la connexion que les wiccans entretiennent avec le monde spirituel. Comme je l'ai mentionné dans les premiers chapitres de ce livre, les wiccans s'intéressent autant au monde spirituel qu'à l'« ici et maintenant ». Souvent, au cours de leurs sabbats, ils recréent les phénomènes observés dans la nature pour faire pleinement partie du monde qui les entoure et pour contribuer au mouvement de la roue. Ils profitent aussi de ces occasions pour établir une connexion avec leurs dieux et les identifier.

Beaucoup de wiccans nomment les rituels pratiqués les soirs de pleine lune les « esbats ». Les soirs de pleine lune, la Lune (la Déesse) est opposée au Soleil (le Dieu), dans le ciel, et la Terre se trouve entre les deux, comme un enfant entre ses parents qui s'étreignent amoureusement. Selon l'astrologie, la pleine lune correspond à un point d'apogée. Comme on a longtemps cru que cette période contenait une grande puissance magique, en raison de la gloire absolue de la Déesse, les wiccans ont souvent tendance (mais pas toujours) à honorer davantage la Déesse que le Dieu durant les soirs de pleine lune. Mais ne vous en faites pas, le tour du dieu viendra avec les sabbats. De toute façon, ce n'est pas parce que certains privilégient la Déesse que vous êtes obligés de faire pareil. Étant donné que la pleine lune est très puissante, en plus d'honorer les dieux, les wiccans profitent souvent des esbats pour faire de la magie. Certains wiccans pratiquent le même rituel à chaque pleine lune, tandis que d'autres en créent de nouveaux. La célébration des pleines lunes ne se fait pas d'une façon prédéfinie et il n'y a pas de symboles associés à chaque célébration. Les wiccans célèbrent ces journées comme la lune le leur inspire. N'allez pas croire pour autant que les pleines lunes sont sans importance. En fait, dans certaines traditions, on considère que la célébration des esbats est plus centrale à l'exercice de la Wicca que la célébration des sabbats.

Chaque sabbat, pour sa part, comporte des symboles, des images et des mythes qui lui sont propres. Étant donné qu'il n'y a pas de bonne ni de mauvaise façon de célébrer un sabbat et que la signification de chacun varie grandement d'un wiccan à l'autre, je vais décrire chacun des sabbats brièvement afin que vous puissiez utiliser ces renseignements pour créer des rituels saisonniers qui vous correspondent.

LE 2 FÉVRIER :
IMBOLC, OIMELC, CHANDELEUR

Imbolc célèbre les premiers frémissements de la vie apparaissant sous la couverture de neige hivernale. La lumière commence à s'intensifier considérablement. La terre devient fertile et s'apprête à accueillir de nouvelles pousses et, tout comme elle, nous nous préparons à l'arrivée du printemps et à la renaissance spirituelle qui suivra le travail intérieur effectué durant l'hiver. Lors du solstice d'hiver, la Déesse a donné naissance au Dieu. À Imbolc, le Dieu prend de la vigueur et la Déesse se prépare pour le nouveau cycle de vie, de mort et de renaissance à venir.

Les thèmes associés à Imbolc sont notamment la fertilité, le feu, la purification et l'initiation, ou renaissance spirituelle. Si vous vivez sous une latitude nordique, vous aurez peut-être de la difficulté à voir Imbolc comme un festival de la fertilité, mais si vous vivez dans un climat tempéré, les bourgeons dans les arbres pourront vous aider à le ressentir. Le mieux est peut-être d'y voir tout le potentiel de la fertilité. Il s'agit du moment où la terre sort de sa torpeur et s'éveille à la vie.

Le feu, évidemment, symbolise le sol qui se réchauffe, l'étincelle de vie et le retour de la lumière. Beaucoup de sabbats font appel au feu sous une forme ou une autre. Mais à l'occasion d'Imbolc, il est davantage question de « feu intérieur » que de feu véritable. Il y a généralement beaucoup de chandelles durant les cérémonies wiccanes d'Imbolc, et ce, afin d'encourager la lumière et la chaleur à prendre de l'ampleur. Brigid, déesse et sainte irlandaise célébrée le 2 février, est fréquemment associée à l'élément feu, ce qui n'est pas surprenant puisqu'elle est la patronne des forgerons. Comme elle est aussi la déesse de l'inspiration, de la poésie et de la fertilité, elle représente plusieurs des thèmes liés à Imbolc. Beaucoup de wiccans profitent donc d'Imbolc pour honorer Brigid.

Imbolc est aussi une période de purification, le moment de sortir de la noirceur hivernale et de laisser derrière nous toutes les futilités qui nous empêchent de réaliser notre plein potentiel spirituel. Le mot « février » évoque justement le lien unissant la fertilité, la purification et la renaissance spirituelle. En effet, dans la Rome antique, le peuple sacrifiait une chèvre en l'honneur de Junon, mère des dieux, puis découpait la peau de la chèvre en lanières, appelées *februa*, ou « instruments de purification » (ce mot a la même étymologie que le mot « février »). Puis, on flagellait le dos des femmes avec ces lanières, pratique cérémonielle assurant leur fertilité et honorant la Déesse Mère. Quelques vestiges de ce rituel qui se pratiquait durant les Lupercales existent encore de nos jours.

Le fait que cette saison soit associée à la renaissance spirituelle explique peut-être pourquoi les rituels d'engagement et les initiations sont monnaie courante chez les wiccans, durant cette période de l'année. Le rituel d'engagement est une cérémonie très simple, pratiquée en public ou en privé, au cours de laquelle une personne énonce son intention d'étudier la Wicca , d'honorer les dieux, ou les deux. Une cérémonie initiatique est pratiquée lorsqu'une personne devient un vrai wiccan, c'est-à-dire qu'elle cesse d'étudier la voie wiccane pour la mettre réellement en pratique. Souvent, l'initiation d'un wiccan signifie qu'il s'intègre à un groupe ou à une tradition wiccane. Par contre, beaucoup de wiccans exercent la Wicca en solitaire. L'initiation est perçue comme une naissance ou une renaissance et elle suscite généralement des sentiments de hâte et de nouveauté, tout comme le cercle rituel d'Imbolc.

Lorsque vous étudiez en profondeur la signification d'un sabbat, vous devez aussi étudier le sabbat occupant la position opposée sur la roue de l'année, de même que la relation qui unit les deux fêtes. Les sabbats en opposition constituent une autre des polarités de la Wicca . Imbolc s'oppose à Lammas, célébré le 1er août. L'autel d'Imbolc peut être orné de bulbes, de semences et de beaucoup de chandelles.

LE 21 MARS :
ÉQUINOXE DE PRINTEMPS, OSTARA

À l'équinoxe de printemps, les wiccans célèbrent... le printemps ! Tout le potentiel d'Imbolc commence à prendre forme : les tulipes et les jonquilles sortent de terre, c'est le temps des premières semailles et la noirceur cède la place à la lumière. Comme les journées et les nuits ont une durée égale, la notion d'équilibre prend une importance particulière. L'air est chargé d'une tension sexuelle et la vie fleurit partout.

À certains points de vue, l'équinoxe de printemps wiccan ressemble à la fête de Pâques. Comme tout le monde le sait, les profanes célèbrent Pâques avec des œufs colorés et des lapins en chocolat. Or, il serait difficile d'orner une table d'invités avec des décorations évoquant davantage la fertilité (la sexualité) et l'éclosion de la vie que les œufs et les lapins, lesquels sont reconnus comme étant assez prolifiques ! Et comme si ce n'était pas suffisant, on associe maintenant Pâques à un lapin qui distribue des œufs ! Chez les chrétiens, la fête de Pâques commémore la résurrection de Jésus, c'est-à-dire le jour où il a vaincu la mort. Dans l'hémisphère Nord, l'équinoxe de printemps a lieu lorsque le Soleil s'élève au-dessus de l'horizon et que la lumière l'emporte sur les ténèbres. Comme le Soleil, le Dieu wiccan prend de l'envergure et gagne en force.

Lorsqu'on crée un cercle wiccan à l'occasion de l'équinoxe de printemps, il y a généralement beaucoup de fleurs. Pourquoi ? Tout d'abord, parce qu'elles sont magnifiques, qu'on les trouve partout et que tout reprend vie autour de nous. Mais aussi parce que les fleurs, comme les œufs et les lapins, symbolisent la sexualité et la fertilité. Les admirateurs de l'œuvre de Georgia O'Keefe vous le diront.

L'équinoxe de printemps et l'équinoxe d'automne sont des périodes marquées par l'équilibre entre la lumière et les ténèbres. Ces jours-là, les wiccans prennent conscience de la polarité entre ténèbres et lumière et prennent conscience à quel point ces deux aspects sont essentiels l'un pour l'autre. Pour beaucoup de gens spirituels, wiccans et autres, la religion est une façon de chercher un équilibre entre les différents aspects de leur vie, par exemple entre le travail et les loisirs, l'égo et l'humilité, la compassion et la fermeté ou le paradis et la vie terrestre. Toutefois, les deux équinoxes nous font remarquer combien cet état d'équilibre est inhabituel. Les gens soutiennent souvent que l'atteinte de l'équilibre constitue un des objectifs de leur vie. Consulter un thérapeute, participer à une retraite, consommer de la drogue ou de l'alcool ou encore faire partie d'un groupe de soutien ne sont que quelques-unes des méthodes utilisées pour tenter d'atteindre un état d'équilibre. Mais les équinoxes nous rappellent que le jour et la nuit ne sont en équilibre que deux jours par année. L'état d'équilibre, bien qu'il soit souhaitable, n'est donc pas permanent. Forcément, ces deux journées où le monde semble être en parfait équilibre sont empreintes d'une très grande puissance. Et puisque l'équinoxe de printemps repose sur un point d'équilibre, il est possible de sentir l'énergie qui bascule vers la lumière.

Il y a un côté ludique à l'équinoxe de printemps. À l'occasion de ce sabbat, certains wiccans associent la Déesse wiccane à une jeune fille, et le Dieu, à un adolescent en pleine croissance. La lourdeur de l'hiver est révolue, mais il est encore trop tôt pour la moisson. Le moment est donc venu de se détendre et d'admirer l'Univers qui s'épanouit merveilleusement tout autour de nous.

Comme vous l'avez probablement deviné, le sabbat opposé à l'équinoxe de printemps est l'équinoxe d'automne, qui se célèbre le 21 septembre. L'autel de l'équinoxe de printemps peut être orné de fleurs, d'œufs, de semences et de figurines de lapins.

LE 1ER MAI : BELTAINE

À l'occasion de Beltaine, beaucoup de wiccans célèbrent l'union sexuelle du Dieu avec la Déesse et le fruit de cette union : champs fertiles, moisson, vivres pour toute l'année et nouveau cycle de vie. Au cours des derniers siècles, dans certaines régions d'Europe, les jeunes femmes célébraient Beltaine en se rendant dans les bois pour fricoter avec leur amant toute la nuit, et plusieurs revenaient enceintes. Il arrivait parfois aussi que les gens « bénissent » les champs labourés en faisant l'amour entre les sillons. La célébration de Beltaine n'a rien de subtil. Malgré ses jeux et ses festivités, cette fête n'est pas du tout recommandée aux enfants.

Le symbole le plus connu de Beltaine, ou fête du 1er Mai, est fort probablement l'arbre de mai. Le sommet de l'arbre de mai est ceint d'une couronne de fleurs à laquelle sont suspendus des rubans colorés. Les hommes et les femmes se séparent pour former deux cercles concentriques distincts, puis ils dansent en sens contraire autour du mât, une extrémité du ruban à la main, en s'entrecroisant les uns les autres, jusqu'à ce que les rubans finissent par recouvrir entièrement le mât. Le symbolisme de cette danse ne laisse place à aucun doute.

On dit que les fées changent de logis deux fois par année et certains wiccans croient que Beltaine serait un de ces moments. Les wiccans qui travaillent en collaboration avec les fées peuvent en profiter pour déposer un gâteau ou une soucoupe de lait en offrande aux bonnes fées, afin de les apaiser et de s'assurer qu'elles ne leur joueront pas de tours.

Pendant Beltaine, le Dieu est souvent représenté sous la forme de l'Homme vert, un homme entièrement vêtu ou couvert de feuilles. L'Homme vert est le seigneur des forêts et de tout ce qui pousse, l'essence même de la vie végétale. Malgré son aspect sauvage, farouche et imprévisible, il a aussi un côté doux. Si jamais vous avez envie de faire une promenade dans les bois au clair de lune, le soir de Beltaine, vous entrerez peut-être en syntonie avec l'Homme vert. Mais faites attention : même l'Homme vert trébuche parfois sur une racine ou se cogne la tête contre une branche basse dans l'obscurité.

Alors que l'atmosphère de l'équinoxe de printemps était ludique, celle de Beltaine est joyeuse. Le Dieu et la Déesse ont mûri et maintenant, ils sont vigoureux et amoureux. Les célébrations de Beltaine sont souvent accompagnées de festins et certains wiccans y apportent de la bière, car elle est faite d'orge, la céréale associée à l'Homme vert. Les rites wiccans de Beltaine, comme ceux de l'équinoxe de printemps, regorgent de fleurs et de verdures, et les femmes (et parfois aussi les hommes) ont la tête ornée d'une couronne de fleurs. Comme pour Imbolc, Beltaine est un festival du feu et, lorsque cette fête est célébrée en plein air, on en profite généralement pour faire un feu de joie. Les couples se tiennent alors par la main et sautent par-dessus le feu pour accroître leur fertilité. Si vous avez envie de faire la même chose, gardez un extincteur à portée de la main, faites un petit feu de joie, assurez-vous que vos vêtements ne risquent pas de traîner dans les flammes et soyez prudent ! Les rites peuvent aussi inclure des rituels comportant un certain symbolisme sexuel, et il n'est pas rare que des couples établis s'éclipsent une fois le cercle défait pour aller fricoter. Il va sans dire que Beltaine est souvent l'occasion de faire de la magie dans le but de concevoir un enfant.

Le sabbat qui s'oppose à Beltaine est Samain, ou l'Halloween, célébré le 31 octobre. L'autel de Beltaine peut être orné de fleurs, de verdures, de rubans et de symboles phalliques.

LE 21 JUIN :
SOLSTICE D'ÉTÉ, SAINT-JEAN, LITHA

Dans l'hémisphère Nord, le solstice d'été correspond à la journée la plus longue de l'année. Ce jour-là, le soleil atteint sa puissance maximale. Certains wiccans estiment que, lors du solstice d'été, le Dieu est à l'apogée de sa gloire, et que la Déesse porte son futur enfant et les fruits de la moisson à venir. D'autres considèrent le solstice d'été comme la journée où les ténèbres remportent la victoire sur la lumière. Ce renversement est parfois représenté par une lutte entre deux rois, le roi Chêne et le roi Houx.

Les traditions concernant le roi Chêne et le roi Houx pourraient provenir de fragments d'anciennes traditions européennes. Un peu partout en Europe, le solstice d'été était célébré par un festival du feu, dernière célébration avant que les jours recommencent à raccourcir. Une des coutumes consistait à lancer un tonneau enflammé du haut d'une colline pour représenter le soleil. En France, les hommes choisis pour être « rois » devaient rendre leur couronne et faire semblant de mourir, ce qui symbolisait la lumière cédant sa place aux ténèbres et marquait ce tournant de l'année. La légende raconte que Louis XIV — qu'on appelait le « Roi-Soleil » en raison de ses richesses et parce qu'il s'identifiait à Apollon, dieu grec associé au Soleil — fut le dernier véritable roi de France à participer au rite. Selon James Frazer, dans *Le rameau d'or* :

> Les rois de France assistèrent souvent à ces spectacles, et même allumèrent le feu de leurs mains. En 1648, Louis XIV, coiffé d'une couronne de roses, un bouquet de roses à la main, alluma le feu, dansa et prit part au banquet qui suivit, à l'hôtel de ville. Mais ce fut la dernière occasion où un monarque présida à Paris un feu de la Saint-Jean[10].

Frazer, toutefois, ne croyait pas que les feux de la Saint-Jean étaient allumés en l'honneur du roi, mais plutôt pour se protéger contre les sorcières. Une autre légende prétend que Louis XIV aurait banni les feux de la Saint-Jean.

Que le solstice d'été soit considéré comme la journée où le Dieu cède sa place aux ténèbres ou celle où il rayonne de gloire, ce jour-là, il se trouve à son zénith. Cette position lui permet à la

---

10. James George FRAZER, *Le rameau d'or*, Paris, Robert Laffont, 1984, volume 4, p. 222.

fois de regarder derrière lui, vers les mois qui se sont écoulés, et loin devant lui, vers ceux à venir. C'est d'ailleurs pourquoi certains wiccans croient que ce solstice est particulièrement propice à la divination.

Le solstice d'été serait, comme Beltaine, un des moments de l'année où les fées changent de logis. Tout wiccan qui a déjà vu des lucioles virevolter lors d'une nuit de solstice d'été risque effectivement d'y croire. Shakespeare semble en tout cas avoir jugé le lien entre les fées et le solstice d'été assez tangible pour écrire une pièce de théâtre consacrée à ce sujet.

Même si les rites wiccans célébrés durant le solstice d'été font honneur à la Déesse, qui porte alors un enfant, ils sont davantage orientés vers le Dieu. Les célébrations comprennent généralement un feu de joie, même si le rite se déroule à l'intérieur et qu'on doit se contenter d'un petit feu. Par contre, si les wiccans disposent d'un lieu tranquille en plein air, il y a fort à parier qu'ils danseront autour du feu. L'atmosphère d'une soirée de solstice d'été wiccan est bruyante et agitée, personne n'ignorant que des jours sombres et austères sont à venir. Comme c'est le cas pour la magie des fées de Shakespeare, ces réjouissances sont joyeuses, mais éphémères.

Le sabbat opposé au solstice d'été est Yule et correspond au solstice d'hiver, qui est célébré le 21 décembre. L'autel du solstice d'été peut être orné de feuilles de chêne, d'objets symbolisant le soleil et de fleurs, plus particulièrement des roses ou des tournesols.

LE 1ER AOÛT : LAMMAS, LUGNASAD

Les wiccans considèrent parfois Lammas, ou Lugnasad, comme la première des trois fêtes des récoltes. Dans l'hémisphère Nord, Lammas est célébré au moment où les premières céréales et les premiers fruits sont récoltés. Les céréales — blé, maïs et orge — sont un des principaux symboles de cette célébration et les wiccans profitent de Lammas pour remercier la terre de sa générosité. Un autre thème important de Lammas est le sacrifice. Il n'est pas ici question de sacrifice humain ni animal (je vous rappelle que les wiccans ne pratiquent ni l'un ni l'autre), mais plutôt du principe voulant que tout a un prix. Ainsi, il faut parfois renoncer à certaines choses pour que de nouvelles puissent se manifester.

On croit que le mot « Lammas » viendrait de l'anglais « *Loaf Mass* », ou « messe du pain », une ancienne fête européenne durant laquelle on préparait du pain à partir des premiers grains de blé récoltés. Le blé et les céréales sont associés au Dieu, et certains wiccans croient que Lammas marque le trépas du Dieu. En effet, ce dernier perd peu à peu la force vitale qui assurait la survie de l'humanité pour amorcer sa descente vers le monde souterrain, d'où il ressurgira plus tard.

Cette célébration est associée à de nombreuses légendes euro-péennes qui mettent en scène un roi sacré, ou roi divin, et qui racontent essentiellement que le roi et la terre ne font qu'un. Le roi représente à la fois le peuple et le Dieu, tandis que la terre est la Déesse. Si à la fête de Beltaine le Dieu et la Déesse s'étaient unis pour produire les fruits de la récolte, à Lammas, le roi (le Dieu) meurt pour pouvoir nourrir son peuple et recommencer un cycle de renaissance.

Anciennement, durant les périodes de famine, on croyait que le roi devait être sacrifié à titre d'émissaire du peuple pour déclen-cher la moisson. Après tout, pour parvenir à apaiser les forces de la nature, il fallait offrir le plus fort de tous. Si le sacrifice du roi s'avé-rait impossible ou problématique, il arrivait qu'un noble soit sacrifié en son nom. Comme je l'ai mentionné au chapitre 1, Margaret Murray et bien d'autres, dont Gerald Gardner, ont émis l'hypothèse que cette légende n'en était pas une, et que de vrais rois auraient été sacrifiés à maintes reprises au cours de l'histoire britannique. Ils estiment ainsi que le sang royal aurait coulé pour défendre l'Angleterre contre l'Armada espagnole et que Thomas Becket aurait été sacrifié pour remplacer un roi sacré. Dans un de ses livres, Gardner évoque même un rassemblement de sorcières qui aurait eu lieu en Angleterre pour célébrer un immense rituel visant à repousser Hitler, au cours de la Seconde Guerre mondiale. Gardner soutient que les sorcières auraient utilisé la magie pour transmettre le message « Tu ne peux pas venir » à Hitler et que ce rituel aurait généré tellement d'énergie que certaines sorcières plus âgées en seraient mortes. Dans son roman *Lammas Night*, Katherine Kurtz raconte une histoire fantaisiste à propos du roi divin britannique, alors que le film culte des wiccans, *The Wicker Man* (1973), traite à peu près du même sujet, même si pour une raison qui m'échappe, l'action se déroule à Beltaine plutôt qu'à Lammas. (Si vous louez ce film, assurez-vous de prendre la version britannique plutôt que la version américaine, revue et écourtée, de Roger Corman.)

La véracité de cette histoire de roi sacré reste à prouver, et Gardner et Murray furent vivement critiqués pour l'avoir propagée. Toutefois, elle fait dorénavant partie du folklore et du symbolisme de Lammas. Durant la messe du pain, on faisait parfois cuire un pain ayant une forme humaine, lequel était ensuite rompu en morceaux pour symboliser le sacrifice du roi divin sacré ou de celui qui était sacrifié en son nom. Certains wiccans perpétuent cette tradition dans le rituel de Lammas. D'autres préfèrent le symbolisme associé à Jean Grain-d'orge (John Barleycorn, en anglais). De nombreuses chansons populaires personnifient l'orge sous les traits de Jean Grain-d'orge en honorant son trépas et sa renaissance sous forme de bière. Sans nul doute, il est bien plus amusant de célébrer le sabbat de Lammas avec de la bière qu'avec une miche de pain !

L'autre nom wiccan couramment donné à ce sabbat, Lugnasad, signifie quelque chose comme « les jeux de Lug » ou « le festival de Lug ». Dieu celte de la lumière et du Soleil, Lug portait une lance magique. Les compétitions et les jeux, tous deux associés à Lug, sont monnaie courante lors de ce sabbat.

Lammas est généralement une célébration heureuse, quoique teintée par la mort et le retour de la noirceur. Le plaisir des récoltes a un prix, puisque les semailles ont dû mourir pour assurer notre survie. Bien que chaque sabbat marque un tournant dans l'année, à Lammas, la transformation est particulièrement soulignée.

Sur la roue de l'année, Lammas se trouve à l'opposé d'Imbolc. À Imbolc, les wiccans célèbrent le potentiel de la lumière et du Dieu, tandis qu'à Lammas, ils célèbrent les fruits de ce potentiel.

L'autel de Lammas peut être orné de pain, de blé ou d'épis de blé tressés, de bière ou d'une faucille.

LE 21 SEPTEMBRE :
ÉQUINOXE D'AUTOMNE, MABON

Beaucoup de wiccans considèrent l'équinoxe d'automne comme la deuxième des trois récoltes. À cette époque de l'année, on pressent de plus en plus le retour de l'hiver, et une fois de plus, le jour et la nuit ont la même durée. Mais cette fois-ci, c'est au tour de la lumière de céder sa place aux ténèbres.

Mabon est le dieu gallois de la musique, parfois appelé « jeunesse divine ». De nombreuses hypothèses ont été émises pour tenter d'expliquer le lien unissant son nom à ce sabbat. J'ignore moi-même la vraie réponse, mais j'ai tout de même inclus son nom ici, car si vous côtoyez régulièrement des wiccans, vous ne manquerez pas de l'entendre.

À l'équinoxe d'automne, certains wiccans célèbrent la descente de la Déesse ou du Dieu vers le monde souterrain. Partout dans le monde, beaucoup de mythes et de légendes portent sur le monde souterrain. Dans la mythologie grecque, l'histoire de Déméter et de sa fille, Perséphone, est certainement l'une des plus célèbres. Il existe diverses variantes de ce mythe, mais en voici l'idée générale : Hadès, dieu du monde souterrain, enlève Perséphone pour en faire sa reine. Déméter, déesse des moissons, réagit en ravageant la terre et en jurant que plus rien n'y poussera tant que Perséphone ne lui sera pas rendue. Mais au cours de son séjour dans le monde souterrain, Perséphone mange quelques graines de grenade. Or, la règle dit que si vous mangez quoi que ce soit dans le monde souterrain, vous devrez y rester à tout jamais (cette règle s'applique aussi au monde des fées, si jamais vous y allez un jour !). Mais comme l'humanité souffre de ces ravages, les dieux parviennent à une entente : Perséphone passera trois ou six mois dans le monde souterrain (un mois pour chaque graine qu'elle a mangée), puis elle pourra retourner sur terre le reste de l'année. Lorsque Perséphone regagne la terre, elle reste marquée par son expérience de la mort, si bien que les wiccans la perçoivent comme un symbole de transformation et de sagesse. Beaucoup de wiccans utilisent des grenades en l'honneur de Perséphone, lorsqu'ils célèbrent l'équinoxe d'automne.

Un autre des aspects que revêt le Dieu wiccan est celui de roi des défunts. Certains wiccans croient que, à l'équinoxe d'automne, le Dieu porte cette couronne, et d'autres croient plutôt qu'il la porte à l'occasion de Lammas ou de Samain.

D'autres encore soulignent l'équinoxe d'automne en organisant des festivités au nom de Dionysos ou de Bacchus, les dieux grec et romain de la vigne et du vin. Dionysos est souvent représenté couvert de feuilles de vigne, le vin étant le symbole du sang, du sacrifice et de la jeunesse. Dionysos représente toutes ces choses, ainsi que la transformation et l'extase. Les Dionysies étaient un festival célébré en l'honneur de Dionysos, au cours duquel on dansait et buvait de façon effrénée. Dionysos était aussi considéré comme le dieu de la fertilité et de la fécondité. Certains mythes racontent que ses accompagnatrices, les ménades, délaissaient la vie en société pour aller vivre dans les bois, et que tout homme qui osait s'approcher d'elles était réduit en pièces. À l'équinoxe d'automne, certains wiccans font du vin en l'honneur de Dionysos, tandis que d'autres se contentent d'en boire et de festoyer bruyamment, comme on le faisait à l'époque des Dionysies.

Comme je l'ai déjà indiqué, le sabbat opposé à l'équinoxe d'automne est l'équinoxe de printemps. À l'équinoxe de printemps, le Dieu gagne en puissance, tout comme le soleil, mais à l'équinoxe d'automne, le Dieu perd ses forces ou se meurt. Comme à l'équinoxe de printemps, les wiccans profitent de l'équinoxe d'automne pour marquer un temps d'arrêt et célébrer cette journée d'équilibre, qu'ils savent éphémère, mais puissante.

L'autel de l'équinoxe d'automne peut être orné de grenades, de raisins et de vignes, de feuilles automnales, de bois de cerf et de tiges de maïs.

LE 31 OCTOBRE :
SAMAIN, HALLOWEEN

La plupart des wiccans appellent Halloween « Samain » (prononcez « sa-win »). Un folkloriste du XIXe siècle a proposé l'idée absurde, reprise depuis par plusieurs auteurs, que Samain serait en fait le nom du dieu celte de la mort, et certains chrétiens fondamentalistes (surtout ceux qui produisent des tracts associant le « dieu de la mort » à « Satan ») perpétuent cette croyance. Mais en fait, le mot « Samain » n'a rien de nébuleux ni d'occulte. Il signifie tout simplement « novembre », en irlandais.

Bon nombre de wiccans vous diront que Samain est leur fête préférée, ne serait-ce que parce que, pour une fois, ils peuvent déambuler parmi les gens « normaux » sans sortir du lot. Les wiccans croient qu'à Samain, l'autre monde est tout près du monde des vivants, ce qui signifie que les êtres chers disparus (et ceux qui nous moins chers aussi) peuvent venir nous rendre visite. Pour certains wiccans, Samain représente le Nouvel An wiccan, tandis que pour d'autres, il s'agit de la troisième et dernière récolte.

Anciennement, dans l'hémisphère Nord, Samain était le moment où l'on séparait les animaux les plus faibles du reste du troupeau. On les tuait pour nourrir les gens durant l'hiver et pour réserver le fourrage aux animaux en bonne santé. Voilà une des raisons pour laquelle cette fête est à ce point associée au sang et à la mort. Le sang symbolisant bien sûr la lignée, les wiccans profitent donc de Samain pour célébrer le retour de leurs défunts. Beaucoup de wiccans installent un autel en l'honneur de leurs ancêtres et font un rituel pour encourager les esprits des êtres chers à les rejoindre. Certains préparent une assiette de nourriture qu'ils laissent à l'intention des défunts, tandis que d'autres tiennent un « souper muet », c'est-à-dire un repas pris en silence, où une chaise et une assiette de nourriture sont disposées à table à l'intention du défunt.

Encore une fois, il s'agit d'une soirée où les fées sont supposées changer de résidence. Parmi les histoires de Samain qui mettent en scène des fées, beaucoup parlent de la chasse sauvage. Il s'agit d'une procession de fées accompagnées de défunts, des êtres humains coincés dans le monde des fées et d'autres formes de spectres. Tous traversent le ciel en chevauchant des animaux. Certains wiccans croient que les fées sont tout simplement des sorcières de l'autre monde. Selon le récit, la chasse sauvage est parfois menée par le Dieu, parfois par la Déesse. Comme je l'ai déjà mentionné, un des nombreux aspects que revêt le Dieu wiccan est celui de seigneur de la mort. Il serait donc logique que ce soit lui qui mène la chasse.

En tant que seigneur de la mort, le Dieu habite le monde souterrain, où il attend l'âme des défunts en vue de les préparer à renaître. La Déesse est alors privée de son Dieu, mais elle porte le futur Dieu dans son ventre. Certains wiccans estiment qu'à Samain, la Déesse prend l'aspect de la vieille femme, symbole de sagesse. Vu que la qualité de l'énergie de ce sabbat est l'intériorisation, les wiccans entament la phase de l'année axée sur l'introspection. Il s'agit d'un temps de repos en attendant la renaissance du Dieu à Yule, et son étincelle de vie, à Imbolc.

Puisque Samain est une période où le voile entre les mondes s'amincit, comme les wiccans se plaisent à le dire, il s'agit du moment idéal pour les activités de divination. Même si Halloween est associée à la divination depuis plusieurs siècles, cette association s'est considérablement renforcée au cours de l'époque victorienne, alors que les jeunes femmes, surtout, utilisaient toutes sortes de méthodes abracadabrantes pour essayer de trouver l'homme qu'elles épouseraient. Par exemple, elles épluchaient une pomme d'une traite, jetaient la pelure par-dessus leur épaule et tentaient d'y lire l'initiale de leur prétendant. Ou encore, elles faisaient rôtir des châtaignes au-dessus du feu après avoir associé le nom d'un prétendant à chaque châtaigne, puis attendaient de voir celle qui éclaterait en premier. Bien que la plupart des wiccans ne pratiquent pas ce genre de divination, ils profitent néanmoins de Samain pour sortir leurs cartes de tarot ou leurs cartes du ciel. Puisqu'il s'agit du Nouvel An wiccan pour certains, c'est le moment idéal pour jeter un coup d'œil sur l'avenir.

Comme tout le monde, la plupart des wiccans raffolent de tous les attributs associés à la célébration profane d'Halloween : costumes, célébrations, citrouilles, friandises et, bien sûr, le plaisir de se donner une bonne frousse. À cette période de l'année, certains wiccans s'offensent de voir des images de sorcières au visage verdâtre arborant un chapeau pointu et volant sur un balai. D'autres, au contraire, rendent hommage à cette image qui symbolise pour eux le pouvoir féminin et la survivance d'une tradition païenne. Le visage verdâtre représente entre autres la fertilité (et non le mal de mer), au même titre que le balai. Le chapeau pointu peut être perçu comme un symbole de pouvoir.

Samain et son sabbat opposé, Beltaine, forment la polarité sexualité-mort, le début et la fin de la vie. Dans les îles Britanniques, à l'occasion de Beltaine, on faisait passer les bestiaux entre deux feux de joie pour augmenter leur fertilité, tandis qu'à Samain, certains de ces bestiaux étaient abattus en vue de l'hiver.

À Beltaine, le Dieu et la Déesse s'unissent, tandis qu'à Samain, ceux-ci sont séparés par la mort. Bien que Samain ait un côté sérieux et solennel, il s'agit aussi d'un moment de réjouissances rempli de jeux et de souvenirs, ainsi que l'occasion de retrouver ceux qui nous ont quittés.

L'autel de Samain peut être orné de citrouilles, d'outils de divination, comme un miroir magique ou des cartes de tarot, ou encore de pommes, de feuilles d'automne ou de squelettes.

LE 21 DÉCEMBRE : SOLSTICE D'HIVER, YULE

Les deux fêtes chrétiennes les plus célébrées, Pâques et Noël, sont aussi les plus païennes de toutes. À l'occasion du solstice d'hiver, plus communément connu sous le nom de « Yule », beaucoup de wiccans célèbrent la naissance du Dieu, comme les chrétiens. À Yule, la naissance du nouveau Dieu apporte espoir et lumière. Dans l'hémisphère Nord, il s'agit de la journée la plus courte et la plus sombre de l'année, mais c'est aussi la journée où s'amorce la transition vers la lumière et la chaleur. Certains wiccans croient qu'à Yule, le roi Chêne, le Dieu de la moitié claire de l'année, vainc le roi Houx, le Dieu de la moitié sombre de l'année, qui avait entamé son règne au solstice d'été.

Pour célébrer Yule, les wiccans placent du houx ou des branches de conifères dans leur maison pour encourager le renouveau et le retour de la chaleur. Ils peuvent aussi dresser un sapin de Noël — ou un arbre de Yule, de son vrai nom — en l'ornant d'objets qui symbolisent notamment le Soleil. Ils peuvent aussi décorer leur maison de couronnes et de gui. Le gui est en fait une plante qui parasite le chêne, ce qui explique peut-être l'origine du mythe du roi Chêne.

Comme c'était le cas à Imbolc, la célébration wiccane de Yule fait appel à beaucoup de chandelles, car le feu et la lumière y occupent une place primordiale. Les wiccans qui ont la chance d'avoir une cheminée pourront en profiter pour faire brûler la bûche de Yule, qu'ils allumeront à partir d'un morceau de bûche de l'année précédente.

Comme les chrétiens, les wiccans profitent généralement de Yule pour festoyer, offrir des cadeaux et accorder toute leur attention aux enfants. Les histoires, les jeux et les chansons font partie des rituels wiccans de Yule. Tout ce qui est susceptible d'apporter de la joie dans la période la plus sombre de l'année est bienvenu. Certains profitent de Yule pour honorer la Déesse en tant que mère du Dieu.

Lors du sabbat opposé, le solstice d'été, le Dieu est à son apogée, tandis qu'à Yule, il ne fait qu'entamer son ascension. Alors que le solstice d'été marque le début d'une rétraction (autrement dit, un mouvement vers l'intérieur), à Yule, l'énergie recommence à circuler vers l'extérieur, entraînant ainsi un mouvement d'expansion.

L'autel de Yule peut être orné de houx, de gui, de pommes de pin, de chandelles et de symboles solaires.

Comme la Wicca a de moins en moins de secrets pour vous, je vous invite à créer vos propres rituels de sabbat et à découvrir les symboles qui vous parlent le plus pour chaque célébration. Vous pouvez consulter les livres de la liste des lectures recommandées et vous inspirer des pratiques d'autres wiccans et de vos expériences personnelles pour compléter cette brève description des fêtes wiccanes. Dans le prochain chapitre, vous apprendrez à mettre en application tous les éléments du rituel abordés jusqu'ici dans le but d'effectuer un rituel complet.

10

L'ASSEMBLAGE DES MORCEAUX

Mettre en application ce que vous avez appris

Jusqu'à maintenant, vous vous êtes familiarisé avec le cadre théorique de la Wicca ; vous vous êtes exercé à percevoir l'énergie, à vous ancrer et à former un écran de protection ; vous avez expérimenté la méditation et la visualisation guidée ; et vous avez appris en quoi consistent le cercle wiccan, les points cardinaux, les éléments, les dieux et les sabbats. Je suppose donc que si vous vous êtes rendu jusqu'ici, c'est que le sujet vous intéresse suffisamment pour essayer de mener à bien votre premier rituel wiccan. Dans le présent chapitre, je vous montrerai comment intégrer tout ce que vous avez appris jusqu'ici pour créer un rituel wiccan qui soit significatif pour vous. Il vaut mieux effectuer votre premier rituel un jour de sabbat ou de pleine lune, ou lors d'une occasion spéciale regroupant des représentations, des symboles ou des métaphores qui vous parlent ou vous intriguent particulièrement. En effet, l'intérêt et la curiosité que vous lui porterez feront en sorte que les éléments du rituel s'agenceront naturellement. En guise d'exemple, j'ai choisi une célébration du sabbat de Samain, étant donné que beaucoup de wiccans adorent Samain et que son symbolisme est facile à comprendre. Cependant, n'hésitez pas à créer un rituel pour l'occasion qui vous plaît.

Composer un rituel et rassembler le matériel nécessaire

Comme il s'agit de votre premier sabbat, je vous conseille d'abord d'effectuer quelques recherches. Je sais bien que faire des recherches n'est pas l'activité la plus excitante qui soit, mais si vous portez un intérêt réel à la Wicca et à la fête choisie, cela ne devrait pas être si ennuyeux que ça. En outre, vos recherches pourraient vous faire trouver des idées très inspirantes. Comme vous le savez, la Wicca ne dépend pas d'une autorité centralisée. C'est là un de ses plus grands avantages, mais aussi un de ses plus grands inconvénients. Comme personne ne vous dira en quoi consiste exactement un sabbat ou ce qu'un rituel devrait signifier pour vous, le fardeau et le privilège de découvrir ces significations vous incombent totalement. Explorez la section sur les sabbats dans les livres sur la Wicca ou sur les sites Web wiccans. Trouvez les plantes et les huiles associées à Samain. Envoyez des questions à une liste de diffusion sur la Wicca. Cherchez les dieux et les déesses (s'il y a lieu) associés à ce sabbat. Feuilletez des livres sur les coutumes et les pratiques populaires associées à l'automne. Méditez sur le sens que cette fête a pour vous et demandez à d'autres personnes ce qu'elle signifie pour eux. Mais faites preuve de discernement : ce n'est pas parce qu'une information est mentionnée dans un livre, sur Internet ou dans une liste de diffusion wiccane qu'elle est vraie ! Revérifiez les faits. Bien qu'on trouve une foule de renseignements utiles dans Internet, quand il est question de Wicca, on y trouve aussi une foule de sottises. J'ai indiqué quelques livres et ressources relativement fiables, à la fin de cet ouvrage.

Une fois que vous aurez terminé vos recherches, essayez de synthétiser les renseignements recueillis et de les réunir en deux ou trois thèmes importants et significatifs pour vous. À titre d'exemple, supposons que vous ayez effectué quelques recherches sur Samain et que vous souhaitiez célébrer le fait qu'on y entame la partie la plus sombre de l'année, tout en y incluant un rituel en l'honneur de vos ancêtres. Avec cet objectif en tête, vous devrez donc planifier la façon exacte dont vous aimeriez honorer vos ancêtres. Avec nos étudiants, nous allumons souvent des chandelles pour eux. Nous déposons aussi leur photographie sur l'autel et préparons un plat spécialement pour eux. Peut-être aurez-vous envie d'écrire un message à chacun de vos ancêtres avec lesquels vous avez entretenu une relation privilégiée, ou encore un message que vous dédierez à tous vos ancêtres à la fois. Si un être cher est décédé au cours de la dernière année, n'oubliez pas d'inclure une mention particulière à son égard. Et n'oubliez pas les animaux. Nous avons remarqué que lorsque nous invoquons l'esprit de nos êtres chers durant Samain, les esprits de nos animaux de compagnie apparaissent en même temps que ceux des membres de notre famille.

Une fois que vous aurez déterminé le cœur de votre rituel, regroupez les objets dont vous aurez besoin. Pour faire un rituel de Samain, vous pourriez par exemple utiliser :

- Une chandelle noire ou blanche pour chaque ancêtre que vous invoquerez ou une seule chandelle pour l'ensemble de vos ancêtres ;
- Un chaudron à moitié rempli de litière pour chat dans lequel vous déposerez la ou les chandelle(s) des ancêtres, ou encore un bougeoir pour chaque chandelle ;
- Une assiette contenant le plat préféré de votre ancêtre (ne cherchez pas à enjoliver la réalité — s'il raffolait des Twinkies et de la couenne de porc, alors offrez-lui un Twinkie et de la couenne de porc !) ;
- Une coupe ou un calice supplémentaire pour vos ancêtres ;

- Une citrouille évidée et sculptée dans laquelle vous déposerez une chandelle (cette citrouille-lanterne éclairera leur chemin) ;
- Une photographie de vos ancêtres (si vos photos ne sont pas encadrées, je vous recommande de le faire ou de les glisser dans un sac de plastique, sans quoi elles risqueront d'être endommagées par la cire de chandelle, le vin ou l'eau salée) ;
- Une bouteille de vin et un tire-bouchon, ou du jus de fruit ;
- Une assiette contenant trois petits gâteaux (des biscuits font très bien l'affaire aussi) pour la cérémonie des gâteaux et du vin (que j'expliquerai à la rubrique suivante) ;
- Un petit bol pour faire une libation (je l'expliquerai aussi à la rubrique suivante) ;
- Un peu d'huile pour oindre la chandelle des ancêtres. Il peut s'agir d'une huile parfumée en lien avec Samain ou vos ancêtres, ou tout simplement d'huile d'olive. Si vous utilisez un mélange d'huiles essentielles, assurez-vous que leur contact avec votre peau est sans risque ;
- Un lecteur de disque compact et de la musique inspirante (optionnel) ;
- Des décorations d'autel qui évoquent Samain ;
- Vos outils rituels, incluant le balai, un bol de sel, un bol d'eau, une chandelle, un bougeoir pour la Déesse et un pour le Dieu (et des statues, si vous en avez), votre athamé, une chandelle et un bougeoir pour chaque point cardinal, de l'encens et un encensoir (vous trouverez des mélanges d'encens préparés spécialement pour Samain dans certaines boutiques ésotériques ou sur Internet), et votre calice ou une coupe à vin ;
- Des allumettes ou un briquet.

Rien ne vous oblige à utiliser tous ces objets pour créer votre propre rituel. Si je les ai tous mentionnés ici, c'est pour que vous puissiez voir comment ils sont utilisés.

QUELQUES ÉLÉMENTS SUPPLÉMENTAIRES

Les rituels wiccans sont composés de trois autres éléments dont je ne vous ai pas encore parlé. Il s'agit de la bénédiction du cercle, de la cérémonie des gâteaux et du vin, et des libations. Encore une fois, ce ne sont pas tous les wiccans qui utilisent ces éléments. Je vais les inclure dans le rituel de Samain, afin que vous puissiez les voir dans leur contexte.

Bénédiction du cercle

Beaucoup de wiccans aiment bénir le cercle après l'avoir tracé et après avoir invoqué les points cardinaux, le Dieu et la Déesse. La bénédiction consiste à énoncer que le cercle est complet, que son espace est sacré et que tout est en place pour procéder au rituel souhaité. La bénédiction fixe le cercle entre les mondes. Comme certaines autres parties du rituel wiccan, la bénédiction se termine souvent avec l'expression « qu'il en soit ainsi ». C'est la façon wiccane de dire : « Il en sera ainsi, car telle est ma volonté. » Voici un exemple de bénédiction du cercle :

> *Grand Dieu et grande Déesse, j'ai construit ce cercle avec amour et en tout honneur. Il s'agit d'un lieu sacré entre le monde des humains et le monde des esprits qui me permet d'exercer ma volonté dans ces deux mondes. Qu'il en soit ainsi.*

Cérémonie des gâteaux et du vin

Durant la cérémonie des gâteaux et du vin, les wiccans bénissent un calice de vin et une assiette de gâteaux en l'honneur du Dieu et de la Déesse. Le vin et la coupe symbolisent le sang et le ventre de la Déesse, tandis que les gâteaux, qui sont faits à base de céréales, représentent le Dieu. Les gâteaux et le vin sont consommés ensemble pour évoquer l'union du Dieu et de la Déesse, ainsi que tout ce qui résulte de cette union, c'est-à-dire les fruits de la terre essentiels à notre survie. Dans sa version la plus épurée, la cérémonie des gâteaux et du vin consiste à déposer l'assiette de gâteaux et la coupe de vin sur l'autel, à tenir l'athamé au-dessus d'eux en visualisant que l'énergie du Dieu et de la Déesse les imprègne, et à réciter une formule toute simple, semblable à celle-ci :

> *Je bénis ces gâteaux et ce vin au nom du grand Dieu et de la grande Déesse.*

Libations

Certains wiccans, dont ceux de notre groupe, aiment offrir des libations au Dieu et à la Déesse. La libation consiste à mettre de côté une partie de ce que nous buvons ou mangeons dans le cercle pour l'offrir aux dieux. Les libations sont mises dans un bol ou une assiette, qui sera ensuite déposée dans le jardin. Souvent, lorsque les wiccans procèdent à une cérémonie des gâteaux et du vin, ils consacrent un gâteau supplémentaire et le déposent dans un bol de libation avec un peu du vin de la coupe. Si les wiccans partagent un repas ou des friandises à l'intérieur du cercle, ils déposeront un peu de chaque plat ou de chaque boisson dans le bol.

Je vous invite, si vous en avez envie, à écrire ou à trouver votre propre version de ces nouveaux éléments rituels.

PRÉPARATION PERSONNELLE

Il y a deux autres choses que les wiccans ont l'habitude de faire avant un rituel : prendre un bain ou une douche rituels et choisir les vêtements qu'ils porteront durant le rituel.

Bain rituel

Participer à un rituel wiccan sans avoir d'abord pris un bain ou une douche est généralement mal perçu. C'est un manque de respect envers les dieux et, si vous n'avez pas pris de douche depuis un certain temps, vous risquez d'incommoder les autres personnes dans le cercle avec vous. Pour beaucoup de wiccans, le bain rituel permet de se débarrasser des énergies indésirables ou des émotions captées durant la journée, et ainsi de se préparer à entrer dans l'espace sacré. Un bain peut aussi vous aider à vous mettre dans l'état d'esprit nécessaire au rituel et à fixer votre intention.

Un bain rituel n'a pas besoin d'être très élaboré. Vous pouvez tout simplement prendre un bain ou une douche ordinaires. Je connais un wiccan qui mélange un peu de sel avec de l'eau tiède et qui verse cette solution sur sa tête en prenant sa douche. Si vous en avez envie, vous pouvez ajouter un peu de sel à l'eau de votre bain. Vous pouvez aussi utiliser un savon spécial, des sels de bain ou des huiles associées au sabbat ou à l'opération magique que vous vous apprêtez à effectuer. Encore une fois, n'oubliez pas de vous renseigner sur chaque huile et chaque plante avant de les mettre dans la baignoire, car certaines d'entre elles pourraient vous brûler la peau ou être toxiques. Comme les huiles ont tendance à flotter à la surface de l'eau et ne sont pas hydrosolubles, ne comptez pas sur l'eau pour les diluer.

Pour créer une ambiance agréable dans votre salle de bains, vous pourriez aussi faire brûler de l'encens et des chandelles, et faire jouer de la musique. Assurez-vous que les chandelles sont en lieu sûr et que le lecteur de disque compact est loin de la baignoire.

Tenue rituelle

On pourrait écrire un livre entier sur la tenue rituelle du wiccan ou sur son absence. Durant les rituels, les wiccans portent souvent des tuniques spéciales qu'ils ont confectionnées eux-mêmes ou ache-tées. Certains n'ont qu'une seule tunique qu'ils enfilent pour tous leurs rituels, tandis que d'autres en ont plusieurs, aux couleurs variées, qu'ils choisissent selon les saisons. Si vous n'êtes pas très doué pour la couture et que vous ne connaissez personne sachant coudre, vous pourriez trouver une tunique sur Internet ou dans certaines boutiques ésotériques. Au dos des périodiques wiccans ou sur Internet, il y a souvent des annonces de couturiers fabri-quant des tuniques rituelles sur mesure. Si vous ne trouvez rien qui fasse l'affaire, essayez de trouver un kimono dans une friperie. Les kimonos font de très belles tuniques. En dernier recours, vous pouvez utiliser une robe de chambre satinée, à condition qu'elle n'ait pas trop l'air de lingerie.

Certains wiccans ont des vêtements spéciaux qu'ils réservent aux rituels. Ces vêtements leur donnent l'impression, dès qu'ils les revêtent, qu'ils sont prêts à entrer dans un endroit sacré. Il peut s'agir de n'importe quoi : une robe, une jupe, une tunique, des pantalons amples, un kilt, un chapeau... La liste est infinie. Si les wiccans font un rituel en plein air, ils porteront parfois des capes. Un anorak en duvet ou une veste en polar n'ont rien de très spécial, mais j'ai déjà vu des gens en porter durant des rituels extérieurs. Beaucoup de wiccans aiment être pieds nus à l'intérieur du cercle, mais ce n'est pas une obligation. Certains wiccans portent même des souliers ou des bottes réservés aux rituels. Si vous vivez dans un climat septentrional ou si le plancher est froid, vous préférerez peut-être porter des chaussettes.

Certains wiccans pratiquent les rituels nus, ce qu'ils dési-gnent par l'expression « vêtus de ciel » ou « *skyclad* », car pour eux, le ciel est leur unique vêtement et aucune tunique ni aucun vêtement n'est plus sacré que la peau avec laquelle ils sont venus au monde. Selon certains wiccans, il serait plus facile de mobi-liser l'énergie lorsqu'on est nu, car celle-ci n'est pas interceptée par les vêtements, mais personnellement, je n'ai jamais perçu de différence. Si vous formez un cercle seul ou avec un groupe de gens en qui vous avez confiance, vous aurez peut-être envie de faire un rituel nu. C'est une pratique très libératrice, et une fois qu'on est totalement pris par le rituel, on a tendance à oublier qu'on est nu — sauf si vous marchez sur une chandelle ou renversez du vin sur vous. Si vous prévoyez de pratiquer un rituel nu alors que vous vivez dans une région froide, montez un peu le chauffage avant de commencer ou allumez un radiateur dans la pièce pendant quelques minutes.

De nombreux wiccans adorent les bijoux rituels. Certains les portent en permanence et d'autres les réservent aux rituels, mais il n'est pas nécessaire de porter de bijoux pour être un wiccan. Beaucoup de wiccans consacrent leurs bijoux rituels favoris de la même façon que vous avez appris à consacrer vos outils au chapitre 8, car pour eux, le bijou est un outil spirituel qu'ils portent pour les aider à s'aligner sur la déité. Dans certaines traditions wiccanes, les wiccans portent des colliers faits d'un matériau particulier ou des anneaux et des bracelets gravés de symboles spéciaux. Les bijoux peuvent aussi indiquer le rang du wiccan dans sa tradition. Dans d'autres traditions, il n'est pas permis de porter de bijoux durant les rituels, ou de bijoux faits d'un certain matériau ou fabriqués à la main. Et enfin, certaines traditions n'ont aucune règle concernant les bijoux. Mais attention de ne pas pécher par excès. Certains wiccans portent tellement de bijoux que s'ils tombaient dans une rivière, ils couleraient à pic. Je ne rigole pas! Allez faire un tour dans n'importe quel rituel wiccan public et vous verrez au moins une personne arborant l'équivalent wiccan des joyaux de la couronne royale britannique.

Il arrive souvent qu'un nouveau wiccan se procure un pentacle en argent pour symboliser sa voie. Parfois, les nouveaux wiccans reçoivent un pentacle en cadeau durant leur initiation ou leur rituel d'engagement. Le pentacle wiccan porté en pendentif peut être simple ou orné. Mais on dit souvent à la blague qu'on peut reconnaître un nouveau wiccan à la taille démesurée de son pentacle. Si vous vivez dans un milieu plutôt conservateur ou si vous craignez de perdre votre emploi en dévoilant que vous êtes un wiccan, il serait préférable de porter votre pentacle sous vos vêtements, de le réserver aux rituels, de ne pas en porter du tout, ou encore de choisir un autre symbole moins directement associé à la Wicca , comme un ankh, une lune ou un animal représentant votre déesse ou votre dieu favori. Certaines personnes délaissent le pentacle parce qu'il n'évoque rien pour eux. Il n'est pas nécessaire d'en porter un pour être un wiccan. De mon côté, bien que je possède beaucoup de bijoux magiques, je n'ai pas porté de pentacle depuis une bonne quinzaine d'années.

La sélection de bijoux wiccans sur le marché est absolument stupéfiante. Il existe des bijoux de fabrication commerciale et des bijoux fabriqués à la main par des artisans wiccans. Certains wiccans préfèrent acheter un bijou fabriqué à la main pour soutenir les joailliers wiccans ou parce qu'ils ont l'impression qu'un bijou fabriqué à la main est plus personnel. D'autres estiment qu'un bijou fabriqué à la main est exclusif et plus facile à adopter qu'un bijou produit en série. D'autres encore achètent un bijou tout simplement parce qu'il leur plaît ou qu'il a une certaine signification pour eux, ou bien ils les fabriquent eux-mêmes.

DÉROULEMENT DU RITUEL

Maintenant que vous avez déterminé quel genre de rituel vous voulez faire, que vous avez rédigé les passages que vous deviez écrire, que vous avez rassemblé vos objets rituels et que vous avez trouvé quoi porter, le temps est venu de combiner tout ce que vous avez appris jusqu'ici. L'exemple suivant décrit toutes les étapes d'un rituel de Samain. Je l'ai écrit en supposant qu'il serait pratiqué par une personne seule. Vous pouvez utiliser le rituel tel quel, ou mieux encore, vous en inspirer pour créer le vôtre.

1. Rassemblez les objets dont vous aurez besoin durant votre rituel et installez l'autel au centre du futur cercle. N'allumez pas les chandelles tout de suite, mais assurez-vous qu'elles soient prêtes à être utilisées. Retirez l'encens ou le morceau de charbon de son emballage et mettez-le dans l'encensoir, puis déposez la bouteille de vin, le tire-bouchon, l'assiette avec la nourriture pour les ancêtres, la coupe supplémentaire et l'assiette de gâteaux sous l'autel, si possible, ou sur le sol, devant l'autel. Assurez-vous que les allumettes (ou le briquet) et l'huile choisie soient à portée de main. Déposez un bougeoir muni d'une chandelle à chacun des points cardinaux, sans les allumer. Si vous envisagez d'utiliser votre chaudron, placez-le à l'ouest, la direction des ancêtres et des défunts (certains le mettent face au nord). Si vous prévoyez plutôt de déposer la chandelle des ancêtres dans un bougeoir, placez ce dernier sur l'autel. Placez la citrouille-lanterne à l'ouest. Déposez les photos de vos ancêtres sur l'autel ou à l'ouest, avec la citrouille et le chaudron. Si vous avez des animaux de compagnie, fermez la porte de la chambre où sera tracé le cercle.

2. Prenez un bain rituel et enfilez les vêtements que vous avez choisis. Ancrez-vous.

3. Purifiez votre espace rituel de la façon indiquée au chapitre 5 (voir la rubrique « Préparer un espace »). Pour Samain, l'utilisation du balai est particulièrement appropriée. (Vous pouvez même le chevaucher, si vous en avez envie — après tout, personne ne vous regarde !)

4. Tracez le cercle avec votre athamé, en commençant par le nord. J'ai choisi le nord parce que beaucoup de wiccans l'associent à la Déesse et à la terre. Or, comme Samain célèbre la mort et la renaissance, il semble justifié de commencer et de terminer le cercle dans la direction de la terre, celle qui nous donne la vie et nous accueille à nouveau

dans la mort. (Toutefois, vous pouvez commencer par une autre direction, si vous le préférez.)

5. Avec la pointe de votre athamé, versez trois portions de sel dans le bol d'eau et mélangez avec la lame, puis essuyez-la. Si vous ne voulez pas tremper la lame dans l'eau salée, prenez le sel, mettez-le dans l'eau et mélangez avec vos doigts. Prenez le bol d'eau salée et, en commençant par le nord, marchez sur la bordure du cercle en aspergeant sa circonférence d'eau salée.

6. Retournez vers l'autel et allumez le charbon ou le bâton d'encens. Mettez de l'encens en granules sur le charbon et, en commençant par le nord, faites prudemment le tour du cercle avec l'encensoir. Si l'encensoir est trop chaud pour être tenu dans vos mains, vous pouvez mettre des gants de cuisine ou diriger la fumée de l'encens dans chaque direction au moyen d'un éventail.

7. Prenez votre athamé et retournez vers le nord. Pour invoquer les pouvoirs du nord, allumez la chandelle, dessinez le pentagramme et récitez une formule semblable à celle-ci :

> *Esprits du nord, pouvoirs de la terre, je vous invite à entrer dans mon cercle.*

8. Répétez cette démarche pour les trois autres directions, en invoquant les pouvoirs de l'air pour l'est, les pouvoirs du feu pour le sud et les pouvoirs de l'eau pour l'ouest.

9. Allumez la chandelle du Dieu, levez les bras en forme d'Y et invoquez le Dieu en récitant une formule semblable à celle-ci :

> *J'allume cette chandelle pour le Dieu.*
> *Seigneur du Soleil et des céréales,*
> *Seigneur de la chasse et du monde souterrain,*
> *Seigneur de la mort et de la renaissance,*
> *Entre dans mon cercle sacré, en cette nuit de Samain.*

10. Allumez la chandelle de la Déesse, levez les bras en forme d'Y et invoquez la Déesse en récitant une formule semblable à celle-ci :

> *J'allume cette chandelle pour la Déesse*
> *Dame des cieux et de la terre,*
> *Dame de la Lune et des mystères,*
> *Mère de nous tous,*
> *Entre dans mon cercle sacré, en cette nuit de Samain.*

11. Bénissez votre cercle :

> *Grand Dieu et grande Déesse, j'ai créé ce cercle avec amour. Il s'agit d'un lieu sacré entre le monde des humains et le monde des esprits. Dans ce cercle, je vous honore et j'exerce ma volonté. Qu'il en soit ainsi.*

12. Allumez la chandelle de la citrouille-lanterne et récitez une formule semblable à celle-ci :

> *Amis, êtres chers et wiccans du passé, en cette nuit de Samain, le voile entre les mondes est mince. Joignez-vous à moi pour célébrer.*

13. Retournez devant l'autel, prenez la chandelle des ancêtres et oignez-la d'un peu d'huile. Ce faisant, adressez-vous à l'ancêtre ou aux ancêtres que la chandelle représente. Parlez-leur comme s'ils étaient devant vous. Si vous avez envie de rire ou de pleurer, laissez-vous aller. Si vous n'avez rien de très élaboré à exprimer, souhaitez-leur tout simplement la bienvenue. Une fois que vous aurez oint la chandelle et fini de parler, allumez la chandelle et déposez-la dans le chaudron de renaissance ou sur l'autel, dans son bougeoir. Si vous avez plusieurs chandelles pour représenter différents ancêtres, répétez cette démarche avec chaque chandelle.

14. Prenez l'assiette contenant la nourriture des ancêtres et soulevez-la au-dessus de l'autel en récitant une formule semblable à celle-ci :

> *Je dédie ce repas à mes amis et êtres chers qui sont passés de l'autre côté du voile et qui se sont joints à moi ce soir. Je suis toujours avec vous, tout comme vous êtes toujours avec moi. Soyez bénis.*

15. Déposez l'assiette des ancêtres et la coupe supplémentaire (vide) à l'ouest.

16. Assoyez-vous devant l'autel, détendez-vous et prenez quelques instants pour méditer sur vos êtres chers ou pour communier avec leur esprit. Rappelez-vous comment ils ont marqué votre vie et pensez aux bons moments passés avec eux. Si vous n'aviez rien de particulier à dire à vos ancêtres pendant l'onction des chandelles, vous aurez peut-être envie de leur parler maintenant.

17. Ensuite, ouvrez la bouteille de vin, si ce n'est pas déjà fait, et versez du vin dans le calice. Déposez l'assiette de gâteaux sur l'autel. Placez vos mains au-dessus des gâteaux et du vin pour les bénir, tout en faisant monter l'énergie de la terre et en visualisant que cette énergie imprègne les gâteaux et le vin. Au même moment, récitez une formule semblable à celle-ci :

> *Je bénis ces gâteaux et ce vin au nom du grand Dieu et de la grande Déesse.*

18. Tenez la coupe de vin au-dessus de l'autel pour saluer le Dieu et la Déesse, puis dirigez-la vers l'ouest pour saluer les ancêtres. Versez un peu de vin du calice dans le bol de libation et versez-en un peu aussi dans la coupe des ancêtres. Buvez le reste.

19. Prenez l'assiette de gâteaux et saluez le Dieu, la Déesse et les ancêtres. Déposez un gâteau dans le bol de libation, déposez-en un dans l'assiette des ancêtres et mangez le troisième.

20. Lorsque vous aurez terminé, tournez-vous vers l'ouest et remerciez vos ancêtres de s'être joints à vous en récitant une formule semblable à celle-ci :

> *Amis et êtres chers, je vous remercie d'avoir été présents ce soir. Votre visite m'a rempli de joie. Retournez maintenant dans le monde des esprits. Qu'il en soit ainsi.*

21. Soufflez la chandelle dans la citrouille. Vous pouvez laisser brûler les chandelles des ancêtres ou les éteindre elles aussi.

22. Allez devant l'autel, levez les bras en forme d'Y et remerciez le Dieu et la Déesse d'avoir été présents en prononçant une formule semblable à celle-ci :

> *Grand Dieu et grande Déesse, merci de vous être joints à moi et d'avoir béni mon rite de Samain. Au revoir.*

23. Éteignez les chandelles du Dieu et de la Déesse.

24. Allez vers le nord et libérez le point cardinal en dessinant un pentagramme de bannissement et en récitant une formule semblable à celle-ci :

> *Esprits du nord, merci d'avoir assisté à mon rite. Au revoir.*

25. Éteignez la chandelle du nord et répétez la même chose avec les trois autres points cardinaux, en marchant dans le sens contraire des aiguilles d'une montre.

26. Retournez vers le nord et défaites le cercle à l'aide de votre athamé en avançant dans le sens contraire des aiguilles d'une montre. N'oubliez pas d'évacuer l'énergie de votre corps vers la terre.

27. Ancrez-vous pour vous assurer que vous avez bien évacué tout excédent d'énergie tellurique hors de votre corps.

28. Si vous avez choisi de laisser brûler les chandelles des ancêtres, surveillez-les jusqu'à ce qu'elles s'éteignent d'elles-mêmes ou éteignez-les tout de suite.

29. Sortez le bol de libation et l'assiette des ancêtres à l'extérieur. Généralement, nous jetons le contenu du bol de libation dans le compost et nous déposons l'assiette des ancêtres dans le jardin. Le lendemain ou le surlendemain, nous retournons chercher l'assiette, qui sera vide.

Voilà, vous venez d'accomplir un rituel complet de sabbat wiccan. Consignez votre expérience dans votre journal ou dans votre livre des ombres. Prenez note de tout ce qui a bien fonctionné et de tout ce qui a moins bien fonctionné, de même que les messages que vous avez reçus de la part de vos êtres chers, s'il y a lieu. En notant ces détails, vous parviendrez à cerner les éléments d'un rituel qui vous parlent le plus.

11

AINSI, LA MAGIE VOUS INTÉRESSE...

De prime abord, beaucoup de gens s'intéressent à la Wicca parce que les wiccans pratiquent la magie. Même si les gens sont d'abord séduits par le côté prestigieux de la Wicca , dans beaucoup de cas, au-delà de l'attirance pour le faste et la beauté, ils sont aussi mus par un profond besoin de transformation personnelle et d'actualisation de soi. Voilà qui est parfait, car la magie n'a rien de prestigieux, contrairement à ce que les séries télévisées populaires laissent croire. Bien que déstabilisante, la pratique de la magie permet de se réapproprier son pouvoir personnel et procure une grande satisfaction. Faire de la magie, c'est exercer sa volonté.

QU'EST-CE QUE LA MAGIE ?

Comme je l'ai déjà mentionné au chapitre 2, une des définitions les plus communément utilisées par les wiccans pour décrire la magie est celle d'Aleister Crowley, ou une variante de celle-ci : la magie, c'est « l'art et la science d'occasionner des changements conformément à la volonté ». La première partie de cette définition suscite l'intérêt de la plupart des gens, car peu importe qu'on soit peu ou très satisfait de notre existence, il y aura toujours des petits détails qu'on aimerait changer. Les wiccans pratiquent une « magie de tous les jours » pour attirer ce qu'ils désirent — un nouvel emploi, l'amour, la guérison. D'ailleurs, si vous avez lu un tant soit peu sur Crowley, vous savez sûrement qu'il n'était pas le genre d'homme à lutter contre ses désirs. Mais Crowley ne dit pas seulement de faire de la magie pour attirer à nous ce que nous désirons. Il parle aussi d'exercer notre volonté. Même si la magie a des fins assez terre-à-terre, elle a aussi un but beaucoup plus noble : celui de nous rapprocher du divin et de nous aligner sur les motifs de la nature et de l'Univers que nous devons maîtriser pour pratiquer efficacement la magie. Lorsque vous effectuez une opération magique qui correspond à votre véritable volonté, vous êtes en harmonie avec la déité. Non seulement la pratique de la magie produit des changements dans le monde, mais elle nous transforme aussi. Cela dit, la magie n'a pas besoin d'être très complexe pour produire des effets. Parfois, les opérations magiques les plus simples sont aussi les plus puissantes. Cependant, il faut savoir que la pratique de la magie va bien au-delà de la simple satisfaction de certains besoins et désirs momentanés.

Qu'est-ce qu'un sortilège ?

Lorsque les wiccans expliquent à des non-wiccans en quoi consiste un sortilège, ils disent parfois que cela ressemble à une prière. Personnellement, je ne suis pas du tout d'accord avec cette affirmation. S'il est vrai que la prière et le sortilège sont deux façons valables de signaler vos désirs à l'Univers, les similitudes s'arrêtent là. Lorsque vous priez pour obtenir quelque chose, vous demandez à Dieu de vous aider à atteindre cet objectif. Mais lorsque vous pratiquez un sortilège, vous déclarez à l'Univers votre intention d'opérer un changement et vous mettez de l'énergie en mouvement à cette fin. Vous pouvez tout à fait demander à un dieu ou à une déesse de vous aider à opérer le sortilège, mais ultimement, c'est vous seul qui faites le travail et qui dirigez l'énergie dans la direction du changement désiré.

Un sortilège est une série de gestes accomplis dans un ordre déterminé dans le but de manifester une intention. Autrement dit, c'est en quelque sorte une recette qui permet d'amener un changement, sauf qu'au lieu d'utiliser du sucre, de la farine et des œufs, vous utilisez des ingrédients comme des chandelles, des huiles et des plantes. Et plutôt que de tamiser, de mélanger et de mettre au four, les gestes pourraient inclure la visualisation, des postures, des psalmodies ou des chants, la danse ou le mouvement, la méditation, l'invocation et la concentration. Fondamentalement, le déroulement d'un sortilège consiste à créer un espace rituel, à énoncer une intention, à visualiser un objectif, à faire monter l'énergie, à diriger l'énergie vers l'objectif, à s'ancrer pour évacuer l'excédent d'énergie et à clore le rituel. Lorsque vous opérez un sortilège, vous mettez à profit la puissance et les configurations énergétiques de la nature. Il n'y a rien de surnaturel ni de complexe là-dedans.

Un sortilège comprend généralement une partie parlée durant laquelle la personne énonce son intention à voix haute. L'intention est souvent exprimée en vers rimés, car beaucoup de gens trouvent que les rimes sont faciles à mémoriser. D'ailleurs, si vous pratiquez votre sortilège avec un groupe de personnes, il sera plus facile de réciter les vers ensemble s'ils riment et s'ils ont tous le même nombre de syllabes. Un autre avantage à utiliser des vers, c'est qu'il est possible de les chanter en boucle pour faire monter l'énergie. Comme c'est le cas pour l'invocation des points cardinaux, il n'est pas absolument nécessaire que vos sortilèges soient écrits en vers pour fonctionner. Si vous craignez de buter sur chaque mot ou d'éclater de rire au beau milieu de votre sortilège, ou si vous n'arrivez pas à composer des vers égaux et que votre lecture est aussi chaotique qu'une voiture à trois roues qui passe sur des nids-de-poule, oubliez les flaflas et énoncez simplement votre intention avec clarté et concision, sans les rimes. Après tout, votre but est d'exercer votre volonté, pas de remporter un concours de poésie.

Lors d'un sortilège, les wiccans mobilisent aussi de l'énergie dans le but de la diriger vers l'objectif choisi. Il existe une infinité de techniques pour mobiliser l'énergie, dont certaines ont été décrites au chapitre 3. Les pratiques les plus courantes consistent à taper des mains, à danser ou à chanter, généralement en commençant doucement, puis en augmentant peu à peu la vitesse et l'intensité. Beaucoup de wiccans visualisent l'énergie en train de prendre la forme d'un cône, qu'ils appellent « cône de pouvoir ». Le cône est généralement centré au-dessus de l'autel, si vous en avez un, ou au centre du cercle. Lorsque l'énergie du cône atteint son apogée, le ou les wiccans pratiquant le sortilège libèrent l'énergie pour mettre leur intention en mouvement.

CORRESPONDANCES

Pour que la magie opère, il est important de connaître un peu les correspondances magiques. Une correspondance est une chose qui s'associe bien à une autre, car elles ont des qualités ou une énergie similaires. Au chapitre 2, dans la section sur l'éthique, j'ai abordé brièvement le concept magique de base suivant : les semblables s'attirent. L'idée, c'est que les choses qui sont similaires sont liées, énergétiquement parlant, et qu'en incluant une de ces choses dans votre sortilège, vous attirerez son semblable. Par exemple, si vous voulez pratiquer un sortilège pour attirer l'argent, vous pourriez utiliser des chandelles vertes (couleur symbolisant l'abondance). Si vous voulez attirer l'amour, vous pourriez utiliser des articles en forme de cœur.

Quand j'étais petite, il existait une collection de vêtements pour enfants qui s'appelait « *Garanimals* ». Chaque vêtement portait une étiquette en forme d'animal. Ainsi, les enfants qui, comme moi, étaient complètement nuls en matière de style vestimentaire pouvaient facilement trouver un haut assorti à leur jupe en cherchant un morceau dont l'étiquette correspondait à celle de la jupe. Si l'étiquette de la jupe représentait un lion, vous n'aviez qu'à choisir un haut dont l'étiquette représentait un lion. Ainsi, vous aviez une tenue bien agencée. Cette brillante stratégie de commercialisation a probablement évité bien des catastrophes vestimentaires à une flopée de jeunes intellos. Malheureusement, il n'existe pas de guide de type *Garanimals* pour les correspondances magiques. Il n'existe aucun livre énumérant toutes les correspondances possibles. Par contre, les livres d'introduction à la Wicca et les livres d'introduction à l'astrologie comportent une tonne de listes de correspondances partielles. Certains de ces livres figurent dans la liste des lectures suggérées.

Les listes rédigées par d'autres personnes peuvent vous servir de point de départ dans votre exploration des correspondances, mais n'oubliez pas qu'elles peuvent être subjectives, surtout celles rattachées aux couleurs. Par exemple, peut-être associez-vous la couleur rouge à la santé parce qu'elle évoque pour vous le sang et la vitalité. Mais peut-être qu'une autre personne y associe plutôt le blanc, car cette couleur lui évoque propreté et pureté. Qui a raison ? Dans une certaine mesure, la personne qui a raison est celle qui pratique le rituel magique. Si le blanc vous convient parce qu'il semble en harmonie avec votre objectif et qu'il vous permet de visualiser votre but, alors c'est la bonne couleur pour vous, peu importe ce que les autres en pensent. Les correspondances concernant les plantes et l'astrologie sont généralement moins subjectives (bien qu'il y ait parfois des divergences d'opinions là aussi). J'ai inclus quelques ressources à ce sujet dans la liste de lectures.

UN PUISSANT SORTILÈGE EN 12 ÉTAPES

Dans les livres d'introduction à la Wicca , vous trouverez une multitude de sortilèges détaillés, prêts à être utilisés. Bien que je vous encourage à essayer quelques sortilèges déjà écrits, je vous encourage encore plus à composer les vôtres. Vos propres sortilèges seront beaucoup plus puissants que n'importe quel sortilège que quiconque pourrait créer à votre place, car ceux que vous aurez vous-même créés comportent des éléments pertinents pour vous. En outre, créer son propre sortilège est une façon de signaler à l'Univers qu'on fait bien plus que de la magie ordinaire et qu'on exerce aussi sa volonté sur un plan magique supérieur. Alors, si vous vous sentez prêt à prendre en main cet aspect de votre croissance spirituelle, voici 12 étapes qui vous permettront de créer un sortilège puissant.

Étape 1 : Définissez votre objectif.

Quel est le but de votre sortilège ? Prenez-le en note, et surtout, soyez précis ! Dans le film *Le club de la chance*, il y a une scène où une jeune Chinoise devant épouser un homme qu'elle n'a jamais vu prie pour qu'il ne soit ni vieux ni laid. Après la cérémonie, lorsqu'elle retire son voile et qu'elle aperçoit son nouveau mari pour la première fois, elle découvre que, bien qu'il ne soit ni vieux ni laid, il a à peine atteint l'âge de la puberté et est puéril et immature. Son souhait a été entendu, mais pas tout à fait comme elle l'avait imaginé, pour la simple et bonne raison que son souhait n'était pas assez précis. Une fois, alors que je me trouvais dans une hutte de sudation, un des hommes présents a demandé au Créateur de le rendre fort. Tous les gens dans la hutte se sont aussitôt éloignés de lui, comme d'un commun accord. Ils savaient bien que c'est souvent en affrontant l'adversité qu'on devient plus fort, et personne n'avait envie de participer à la petite « leçon de vie » que cet homme venait de solliciter. Si vous faites une demande au Créateur ou aux dieux, mais que celle-ci manque de précision, il y a fort à parier que les puissances divines s'arrangeront pour que vous atteigniez votre objectif à la dure, non pas par malice, mais parce que la vie est ainsi faite.

Si vous désirez faire un rituel magique pour attirer l'amour, déterminez le type d'amour recherché. Une romance ? Une amitié ? Un amour fraternel ? Quel genre de personne souhaitez-vous attirer ? Ne pensez pas à quelqu'un en particulier. Il n'est pas question ici de manipuler une autre personne pour qu'elle tombe amoureuse de vous. Cependant, pensez aux qualités que vous aimeriez trouver chez cette personne, et n'oubliez pas de préciser si vous recherchez un homme ou une femme. Par ailleurs, quand bien même vous seriez destiné à devenir un wiccan superpuissant, faites attention de ne pas choisir un objectif magique trop vague ou trop imposant, comme « la paix dans le monde ». Bien que cet objectif soit très noble, il est beaucoup trop vaste et les variables en jeu, trop nombreuses, pour être à la portée d'un seul wiccan. Je ne veux pas insinuer que vous devriez viser en deçà de vos capacités (après tout, vous n'exerceriez pas votre volonté, de cette façon). Je vous encourage néanmoins à commencer par un objectif modeste et concret.

Étape 2 : Passez votre volonté en revue.

L'opération magique envisagée est-elle en harmonie avec votre mission personnelle ? Si vous n'en êtes pas sûr, méditez d'abord sur la question ou demandez conseil à une déité ou à votre Moi intérieur. Vous pouvez aussi utiliser un outil de divination, comme les cartes de tarot ou l'astrologie, pour vous aider à déterminer si ce sortilège vous convient.

Étape 3 : Assurez-vous que le sortilège respecte votre éthique personnelle et réfléchissez à ses éventuelles conséquences.

Avant de passer à l'action, réfléchissez aux conséquences éventuelles de votre sortilège. Le sortilège envisagé risque-t-il de vous

faire du mal ou d'en faire à autrui ? Souvenez-vous du rede wiccan et de la loi du triple retour, et agissez pour le bien suprême
de tous. Cependant, faites attention de ne pas vous nuire à vous-
même en cherchant à éviter de faire du mal à autrui et en créant
un sortilège absolument médiocre. Un tel sortilège ne vous mènera
nulle part et pourrait même entraver votre vraie volonté au lieu
de vous aider à vous aligner sur elle. Ici encore, la divination pourrait vous aider à prendre une décision.

Étape 4 : Déployez des efforts concrets pour atteindre votre objectif.

La magie gagnera considérablement en efficacité si, en plus de pratiquer un sortilège, vous déployez des efforts concrets pour atteindre
votre objectif. Après tout, vous aurez beau opérer un sortilège pro-
digieux, vous ne gagnerez pas à la loterie si vous n'achetez pas de
billet et vous aurez bien du mal à dénicher un nouvel emploi si vous
n'envoyez aucun curriculum vitae.

Étape 5 : Choisissez un moment appro-prié pour accomplir votre magie.

Quel est le meilleur moment pour pratiquer votre sortilège ? Pour
le déterminer, vous devez prendre en considération différents facteurs. Tout d'abord, quand êtes-vous libre ? Il ne faut pas se sentir
pressé, pour faire de la magie. Choisissez aussi un moment où
vous serez reposé et alerte. Encore une fois, vous aurez peut-être
envie de recourir à la divination pour déterminer le moment le
plus approprié.

Un autre facteur important, et celui-ci est facile à déterminer,
est la phase de la Lune. Lorsque la Lune croît, les wiccans procèdent à des opérations magiques pour améliorer une situation ou
attirer quelque chose — notamment la santé, l'argent et l'amour. La
lune décroissante se prête bien aux rituels magiques visant à bannir
quelque chose ou à réduire l'effet de quelque chose — par exemple,

acquitter une dette, perdre du poids ou se défaire d'une mauvaise habitude. Pour qu'une situation porte ses fruits, l'opération magique se fera un soir de pleine lune. Comment déterminer si la Lune croît ou décroît? Le plus simple est de regarder le ciel. Lorsque la Lune croît, sa portion visible ressemble à un D majuscule, tandis que lorsqu'elle décroît, elle ressemble à un C majuscule. Si le ciel est trop nuageux pour observer la Lune, vous pouvez facilement trouver la phase en cours sur Internet ou sur un calendrier lunaire.

Vous pouvez aussi choisir le moment où vous pratiquerez votre sortilège en fonction du jour de la semaine. Chaque jour est associé à une planète et chaque planète possède ses correspondances propres. Associé au Soleil, dimanche est une journée propice à la magie en lien avec l'énergie, la force vitale, l'argent et la prospérité. Lundi est associé à la Lune; c'est le moment idéal pour faire de la magie pour concevoir un enfant et pour tout ce qui concerne l'aspect maternel, le travail émotionnel et l'aspect nourricier. Mardi est associé à Mars, la planète de la guerre; c'est un bon moment pour faire de la magie de protection ou de la magie offensive, plus particulièrement celle permettant de rassembler son courage et de s'affirmer. Mercredi est associé à la planète Mercure, qui doit son nom au messager des dieux de la Rome antique; cette journée se prête bien à la magie liée à la communication et aux voyages. Jeudi est associé à Jupiter, le roi des dieux de la Rome antique; ce jour est propice à la magie pour attirer l'argent, la chance et la prospérité. Vendredi est associé à Vénus, planète de l'amour; cette journée est propice à la magie pour attirer l'amour, envoyer de l'amour ou guérir une relation, pourvu que toutes les personnes visées par le sortilège aient donné leur consentement. Samedi est associé à Saturne, la planète du travail, des frontières et des restrictions; il s'agit d'une bonne journée pour accomplir de la magie de protection ou de la magie pour éliminer une dette ou trouver un emploi. Évidemment, il existe encore bien d'autres correspondances pour les différents jours de la semaine.

Il y a encore beaucoup d'autres facteurs à prendre en compte pour déterminer le meilleur moment pour faire de la magie, mais ceux déjà mentionnés vous serviront de point de départ. Des livres entiers ont été écrits sur le sujet, et vous en trouverez de très bons dans la liste des lectures recommandées.

Étape 6 : Invitez des gens à se joindre à vous (ou pas).

Qui aimeriez-vous inviter à votre rituel ? Si vous préférez travailler seul, la question est vite réglée. Mais vous pourriez par contre avoir envie d'inclure d'autres personnes. Y a-t-il une personne dans votre entourage ayant le même objectif que vous ? Croyez-vous que cette personne aimerait et pourrait vous aider ? Si l'opération magique envisagée vise quelqu'un qui n'est pas présent — par exemple, si vous faites un travail de guérison pour votre grand-mère —, communiquez d'abord avec cette personne, si possible, pour obtenir son consentement. Si vous ne pouvez pas obtenir le consentement de la personne concernée, par exemple parce que votre grand-mère est branchée à un respirateur ou qu'elle est inconsciente, essayez de déterminer si votre sortilège est approprié en méditant sur la question. Prenez en considération ce que vous savez de votre grand-mère pour prendre une décision éclairée.

Étape 7 : Invitez des êtres de l'autre monde à se joindre à vous (ou pas).

Comme je l'ai dit plus tôt, ce qui distingue la magie de la prière, c'est que dans le cas de la magie, la force principale qui entre en jeu pour que le travail porte ses fruits, c'est vous-même. Malgré tout, vous aurez peut-être envie de demander l'aide du Dieu et de la Déesse, de vos déités personnelles, de vos « animaux familiers » (esprits animaux), de vos ancêtres ou des êtres des éléments. Avant de commencer, effectuez quelques recherches pour déterminer l'être le plus approprié à votre demande. Tant que la magie est positive, le Dieu et la Déesse peuvent vous aider pour pratiquement n'importe quoi. Le Dieu est particulièrement utile pour la magie visant la protection, la fertilité, la nature, la mort, l'énergie brute et les animaux. De son côté, la Déesse se prête bien à la magie concernant la naissance, la fertilité, les plantes, la terre et la manifestation. Vos déités personnelles ont aussi des caractéristiques spécifiques dont vous pouvez tirer profit. Par exemple, la déesse celte Cerridwen est associée à la sagesse, et le dieu grec Hermès, aux voyages.

Dans la Wicca , il existe deux catégories d'animaux familiers : les animaux désincarnés (esprits de forme animale) et les animaux incarnés (animaux de compagnie ou autres). Les esprits des animaux désincarnés peuvent servir de guides ou d'assistants. Beaucoup de wiccans font appel à des esprits animaux, mais pas tous. Dans les procès de sorcières, il a souvent été question d'animaux familiers, et ceux-ci étaient souvent perçus comme des démons ayant pris la forme d'un animal. Mais les animaux familiers du wiccan ne sont pas des démons. Ce sont des esprits ou des formes-pensées dont l'énergie est positive et qui se présentent au wiccan sous la forme d'un animal. Certains wiccans choisissent un animal familier pour ses qualités particulières. Par exemple, ils choisiront le corbeau pour son intelligence ou le loup pour sa force. Il peut aussi arriver qu'un animal familier choisisse un wiccan. Un de mes étudiants semble avoir été choisi par les rats, et un autre par les araignées — et ce ne sont pas des animaux vers lesquels ils se seraient spontanément tournés. Certains wiccans travaillent avec leur animal de compagnie et les considèrent comme l'incarnation de leur esprit familier. J'ai une chatte qui adore « aider » mon mari lorsqu'il masse un client. Elle s'étend à côté du client, étire une patte jusqu'à le toucher et fait un truc bizarre avec l'énergie que personne n'arrive à comprendre. Plusieurs clients, lorsqu'ils reviennent pour se faire masser, demandent expressément de la laisser entrer dans la pièce pour qu'elle puisse faire son fameux truc. Beaucoup d'animaux sont naturellement attirés par l'énergie. Si votre animal de compagnie veut absolument entrer dans votre cercle, vous pourriez envisager de l'y inclure, pourvu que le lieu soit sécuritaire pour lui (pas de flamme nue, pas d'huiles ni de plantes toxiques, et pas d'encens si votre animal est un oiseau ou un reptile, car leurs poumons sont très fragiles). Surveillez bien votre assiette de gâteaux. Mes chats sont passés maîtres dans l'art de s'éclipser avec la nourriture rituelle.

Vous pouvez toujours invoquer vos ancêtres pour leur demander de l'aide pendant un rituel magique. Comme vous avez en commun un lien de sang et un lien spirituel, ils peuvent s'avérer de puissants alliés. Il se pourrait que certains de vos ancêtres ne répondent pas à votre appel ou qu'ils n'approuvent pas le fait que vous pratiquiez des sortilèges, surtout s'ils pratiquaient eux-mêmes une autre religion de leur vivant. Ne demandez jamais à un ancêtre de vous aider si vous croyez qu'il pourrait être offensé. Par contre, si vous croyez qu'un ancêtre est ouvert à la magie, demandez-lui de se joindre à vous. Votre magie gagnera ainsi en puissance.

Enfin, vous pouvez invoquer les esprits des éléments. Par exemple, si le sortilège que vous souhaitez accomplir concerne le courage, vous pourriez invoquer les esprits du feu (gardez un extincteur à portée de main). Si votre sortilège concerne l'intellect, invoquez les esprits de l'air.

Étape 8 : Choisissez un emplacement.

Ce n'est pas le choix d'emplacements qui manque pour pratiquer un sortilège. Pour commencer, déterminez si vous voulez pratiquer votre sortilège à l'intérieur ou en plein air. Puis, assurez-vous que vous pourrez travailler sans être interrompu. Vous devez choisir un lieu facilement accessible et avoir votre matériel à portée de main pendant le sortilège. La nature du sortilège est aussi un facteur déterminant dans le choix d'un emplacement. Si vous prévoyez de travailler avec le feu ou avec les esprits de la nature, vous préférerez peut-être vous installer à l'extérieur. Mais si vous envisagez de méditer ou de travailler dans la tranquillité et si votre sortilège exige de la concentration, vous serez peut-être plus à l'aise à l'intérieur. Vous devriez aussi vous demander si vous désirez accomplir votre sortilège dans un espace sacré. Il n'est pas essentiel de tracer un cercle pour faire de la magie. Par contre, si vous invoquez des dieux, je vous recommande de le faire.

Étape 9 : Choisissez des correspondances.

Pour que votre magie gagne en puissance, intégrez-y des articles qui s'accordent avec votre objectif. Ces articles vous aideront à vous concentrer sur votre but et à accroître l'énergie mobilisée durant le rituel magique. Pour déterminer les articles à inclure dans votre sortilège, pensez à des objets dont la couleur, le son, l'odeur, le goût ou la texture reflètent votre objectif. Essayez de trouver des aliments, des chandelles, des huiles, de l'encens, des outils magiques, des vêtements, des plantes, des pierres et des cristaux qui évoquent l'objectif de votre sortilège.

Étape 10 : Composez votre sortilège ou choisissez-en un.

Souhaitez-vous composer votre propre sortilège ou en avez-vous trouvé un dans un livre? Si vous en avez trouvé un, souhaitez-vous le modifier pour qu'il réponde mieux à votre objectif? Préférez-vous suivre un scénario précis ou simplement avoir une idée générale de ce que vous ferez et laisser l'inspiration guider vos paroles?

Si vous avez décidé de composer votre propre sortilège, commencez par énoncer votre objectif. Trouvez une façon de l'énoncer clairement, avec ou sans rimes. Ensuite, établissez un rituel en vous appuyant sur cet énoncé central, qui déclare clairement votre intention. Intégrez-y les correspondances choisies, soit par des paroles, soit en les intégrant directement dans le rituel. Les étapes de votre sortilège peuvent être très similaires aux étapes utilisées dans les autres rituels de ce livre. En voici un exemple :

1. Nettoyez et préparez votre espace. Installez l'autel et tracez le cercle.
2. Invoquez les points cardinaux, si désiré.
3. Invoquez le Dieu et la Déesse, si désiré.
4. Énoncez votre intention, récitez votre sortilège et portez votre attention sur votre objectif.
5. Faites monter l'énergie et dirigez-la vers votre objectif en utilisant la méthode de votre choix, par exemple la respiration, la danse ou tout autre mouvement, le chant, le tai-chi ou la visualisation. Si vous en avez envie, imaginez que l'énergie prend la forme d'un cône de pouvoir au centre de votre espace.
6. Concentrez et dirigez l'énergie. Visualisez votre objectif, puis dirigez mentalement l'énergie vers celui-ci.
7. Ancrez-vous et débarrassez-vous de tout excédent d'énergie.
8. Remerciez les êtres présents, qu'ils soient humains ou autres.
9. Dites au revoir au Dieu et à la Déesse, libérez les points cardinaux, défaites le cercle et purifiez l'espace.
10. Au besoin, renforcez le sortilège en le répétant plus tard. Il peut s'avérer nécessaire d'effectuer le sortilège plus d'une fois.

N'oubliez pas qu'il n'est pas obligatoire de tracer un cercle ni d'invoquer les points cardinaux ou les dieux pour faire un sortilège. J'ai ajouté ces étapes dans cet exemple au cas où vous voudriez les inclure. Néanmoins, il pourrait être avantageux de les adopter lors de vos premiers essais.

Étape 11 : Préparez-vous.

Parfois, les wiccans font un travail préparatoire qui les aide à se syntoniser sur leur objectif avant même de commencer leur sortilège. Le travail préparatoire peut comprendre un bain rituel avec des plantes ou des huiles correspondant à l'objectif (par exemple, du basilic pour un sortilège associé à l'argent), un jeûne d'une journée, la consommation d'aliments qui concordent avec l'objectif, ou encore l'action de charger, bénir ou consacrer les outils et le matériel avant le rituel.

Étape 12 : Effectuez votre rituel magique et soyez convaincu qu'il fonctionnera.

EXEMPLE DE SORTILÈGE

Le sortilège qui suit est très ancien, mais il a fait ses preuves. Il s'agit de la bouteille de sorcière. La bouteille de sorcière est un charme de protection pour votre maison. Il consiste à remplir une bouteille ou un bocal d'objets pointus (par exemple, des épingles et des aiguilles), de bouts de ficelle et de liquide, généralement du vin rouge. La bouteille est remplie et scellée pendant le rituel, puis elle est enterrée dans le jardin, une fois le rituel terminé. Les objets pointus visent à garder les énergies négatives à distance, les ficelles servent à les ligoter, et le liquide, à les diluer ou à les emporter. Une bouteille de sorcière ne vise pas à nuire à qui que ce soit, mais tout simplement à inciter les mauvaises énergies et les voleurs à rebrousser chemin. Vous vous demandez peut-être quel est le lien entre la bouteille de sorcière et tout ce que j'ai dit jusqu'à maintenant sur l'exercice de la volonté ? Eh bien, même si la bouteille de sorcière n'est pas le sortilège le plus sophistiqué qui soit, il reste qu'il va droit au but. En effet, si vous ne disposez pas d'un lieu sécuritaire et stable où vivre et développer votre spiritualité, vous aurez beaucoup de mal à découvrir votre mission personnelle.

Ce sortilège très ancien peut être pratiqué à l'intérieur d'un cercle ou pas. Il est utilisé pour porter chance et éloigner la malchance. Je soupçonne que celui qui a inventé ce rituel, il y a bien longtemps, se souciait davantage de protéger sa maison et sa famille que de créer un rituel sophistiqué. Comme nous avons déjà abordé en profondeur la structure des rituels, je vais aller directement à l'essentiel et vous donner l'élément central du sortilège. Vous pouvez ajouter le cercle ou les autres éléments rituels qui vous semblent à propos.

À la lecture du sortilège, vous remarquerez que j'ai divisé la déclaration de l'intention en quatre parties : une pour les objets pointus, une pour les ficelles, une pour le vin et une pour la bouteille dans son ensemble.

Matériel requis :

- Une bouteille de verre avec un couvercle ou un bouchon qui ferme bien. De vieux pots à épices font très bien l'affaire ;
- Un bol rempli d'objets pointus, par exemple des épingles, des lames de rasoir, des clous, des aiguilles et des punaises (ne les mettez pas tout de suite dans la bouteille) ;
- Plusieurs petits morceaux de ficelle ou de fil, de couleur noire, de préférence, mais tout autre couleur fera l'affaire ;
- Du vin rouge ou un autre liquide. Le rouge correspond à l'offensive et à la protection ;
- Une chandelle noire. Une chandelle rouge fonctionne bien aussi. Le noir correspond au bannissement et le rouge, à la force ;
- Des allumettes ou un briquet.

Le sortilège

1. Préparez votre espace rituel, si vous le souhaitez. Ancrez-vous.
2. Tracez le cercle, si vous le souhaitez.
3. Lentement, glissez les objets pointus dans la bouteille. Attention de ne pas vous couper. Tandis que vous déposez chaque objet dans la bouteille, visualisez que toutes les énergies négatives sont expulsées de votre maison. Si vous le souhaitez, récitez une formule semblable à celle-ci :

> *Épingles, aiguilles, punaises et clous,*
> *Repoussez le malheur de ma demeure.*

4. Une fois que la bouteille est remplie environ aux deux tiers d'objets pointus, mettez-y des bouts de ficelle et de fil. Ce faisant, visualisez que les ficelles étranglent les énergies négatives. Si vous le souhaitez, récitez une formule semblable à celle-ci :

> *Bouts de ficelle, bouts de fil,*
> *Étranglez tout ce qui me cause du tort.*

5. Versez un peu de vin dans la bouteille, en laissant un petit espace sous le goulot. Visualisez que toute la négativité à proximité de votre maison est emportée par le vin. Si vous le désirez, récitez une formule semblable à celle-ci :

> *Vin rouge, protège mon foyer,*
> *Éloigne toute négativité.*

6. Fermez bien la bouteille. Allumez la chandelle noire et faites tomber de la cire sur le goulot de la bouteille pour bien la sceller. Pendant ce temps, visualisez et soyez assuré que votre sortilège est accompli et qu'il fonctionnera.

7. Mobilisez de l'énergie et envoyez-la dans la bouteille. Pour ce faire, vous pouvez par exemple faire monter l'énergie tellurique le long de votre racine et la diriger vers la bouteille avec vos mains. Vous pouvez aussi réciter en boucle et de plus en plus rapidement la formule suivante, jusqu'à ce que vous sentiez l'énergie culminer. Ensuite, dirigez cette énergie dans la bouteille.

> *Que le mal soit banni,*
> *Allez, ouste! Du vent!*

8. Poussez bien toute l'énergie dans la bouteille. N'en gardez pas dans votre corps. Après avoir chargé la bouteille d'énergie, ancrez-vous.

9. Remerciez les dieux et les points cardinaux. S'il y a lieu, défaites le cercle.

10. Attendez que la cire sur la bouteille refroidisse et se solidifie, puis allez à l'extérieur avec la bouteille et enterrez-la devant votre maison, dans un coin, de préférence. Visualisez la barrière énergétique créée par la bouteille pour repousser toute forme de nuisance. Sachez qu'elle vous protégera. Vous pouvez renforcer votre magie de temps à autre, par exemple à chaque pleine lune, en visualisant que votre bouteille repousse les nuisances loin de votre demeure.

Voilà, vous avez effectué votre premier sortilège !

12

ET MAINTENANT, QUE PUIS-JE FAIRE ?

Maintenant que vous en savez un peu plus sur les croyances, les pratiques, les déités, les outils et les techniques propres à la Wicca , que pouvez-vous faire si vous souhaitez en apprendre davantage ? La réponse la plus évidente est de continuer à lire des ouvrages sur la Wicca . Vous trouverez de très bons livres sur la Wicca (et de très mauvais aussi !) dans les librairies. Vous trouverez aussi une foule de renseignements sur le Web et dans des magazines comme *New Witch*. Variez vos sources d'information. Intéressez-vous autant aux ouvrages théoriques qu'aux récits anecdotiques et jetez un coup d'œil aux ressources proposées à la fin de ce livre. Avant tout, élargissez vos connaissances.

Mais la lecture ne suffira pas. La Wicca n'est pas une « religion du livre », mais une voie qui requiert un engagement profond et durable sous la forme de pratique et de participation active. Je vous recommande donc de faire les exercices de ce livre et ceux que vous trouverez dans d'autres livres d'introduction à la Wicca. Commencez par mettre au point vos propres pratiques wiccanes. Explorez les aspects de la Wicca qui vous parlent le plus et créez quelques rituels. Installez un autel. Parlez aux dieux. Commencez à écrire un livre des ombres. Et surtout, ouvrez-vous à la transformation et à la découverte de vous-même que la voie wiccane pourrait susciter.

Vous avez probablement déjà compris que vous ne deviendrez pas wiccan simplement en claquant des doigts ou en remuant le bout de votre nez. Il faut des mois, des années et même parfois des décennies pour parfaire les habiletés requises pour pratiquer la Wicca et sonder les mystères avec profondeur. Rien n'irrite plus les anciens wiccans — c'est-à-dire ceux qui ont travaillé dur et pleinement expérimenté la voie wiccane — qu'un « petit nouveau » qui n'a lu qu'un seul livre sur la Wicca et qui s'autoproclame « Monseigneur le Grand Prêtre Fendragon de la tradition des Poussières de fée », ou qui s'affuble d'un autre titre tout aussi ridicule et pompeux. Si vous vous comportez de la sorte, la communauté wiccane vous mettra vite dans la catégorie des gens prétentieux qui croient tout savoir sur la Wicca parce qu'ils ont lu quelques livres et allumé une ou deux chandelles, ou encore dans la catégorie des gens qui croient que la Wicca est un jeu de rôles fantaisiste qui se déroule en temps réel. Autrement dit, ils vous considéreront comme une personne qui prétend avoir adopté la voie wiccane, mais qui ne la respecte pas. Alors, lisez des livres, mais ne vous arrêtez pas là. Après tout, comme la Wicca porte sur le changement et la transformation, lire un livre ou deux ne suffira pas.

En plus d'explorer la Wicca par vous-même et de la pratiquer en solitaire, que pouvez-vous faire d'autre ? La réponse dépendra de vous, de vos préférences et des possibilités qui s'offrent à vous. Les futurs wiccans se posent différentes questions une fois qu'ils se sont familiarisés avec la Wicca et qu'ils ont choisi d'en apprendre davantage sur le sujet. Si vous souhaitez poursuivre votre apprentissage de la Wicca, il est important que vous trouviez vos propres réponses à ces questions ou que vous interrogiez les gens. Les réponses que vous obtiendrez vous aideront à déterminer la suite des choses.

Devrais-je pratiquer la Wicca en solitaire ou au sein d'un groupe ?

La Wicca n'est pas établie en fonction d'une Église centralisée (merci à la Déesse) et aucune autorité ne dicte aux wiccans le moment ou la façon d'honorer un dieu. Cela a pour avantage que les wiccans sont entièrement libres de pratiquer leur religion comme bon leur semble. L'inconvénient, c'est qu'il peut être difficile d'obtenir du soutien, de développer des liens de camaraderie ou encore de trouver des personnes avec qui pratiquer la Wicca (si tel est votre souhait). La majorité des wiccans pratiquent leur religion au sein d'un petit groupe autonome et intime, appelé « cercle », ou dans le cadre de rassemblements publics, ou encore « en solitaire ». Il arrive parfois aussi qu'ils combinent ces différentes possibilités. Mais il reste que, en fin de compte, tous les wiccans sont dans une certaine mesure des pratiquants solitaires, puisque la relation qu'ils entretiennent avec leurs déités est intime et que cette relation existe indépendamment de leur appartenance à un groupe. C'est pourquoi, si jamais vous décidez que vous aimeriez faire partie d'un groupe, il serait aussi préférable que vous deveniez un très bon pratiquant de la Wicca en solitaire.

Avantages à faire partie d'un groupe

Travailler en groupe comporte de nombreux avantages, notamment le fait de pouvoir répartir les tâches et échanger. Les autres wiccans sont là pour vous offrir leur soutien et ils comprennent ce que vous cherchez à accomplir (du moins, la plupart du temps). Ils vous aideront à valider et à interpréter vos expériences, ainsi qu'à vous sentir moins seul. Chaque membre d'un groupe a ses propres forces et faiblesses, formant ainsi un tout équilibré où chacun a quelque chose à apprendre des autres. Un membre du groupe peut agir comme catalyseur et vous amener à faire une grande découverte spirituelle. De plus, le groupe bénéficie de l'expérience propre à chaque membre. L'un d'eux peut avoir étudié la mythologie celte, tandis qu'un autre se sera intéressé à la mythologie grecque. Chacun devient une ressource. Faire partie d'un groupe peut aussi intensifier votre motivation. En effet, vous serez moins porté à abandonner si vous savez qu'il y a des gens qui comptent sur votre présence. Mais surtout, il faut reconnaître qu'il est difficile d'apprendre une religion du mystère en vase clos.

Inconvénients à faire partie d'un groupe

Travailler avec un groupe comporte aussi des inconvénients. Par exemple, vous ne pourrez pas faire ce dont vous avez envie, lorsque vous en avez envie, sans d'abord tenir compte de l'opinion ou des préférences des autres membres du groupe. Vous pourriez devoir composer avec des ego ou des personnalités difficiles, ou encore faire face à des confrontations d'ordre idéologique. Il peut arriver qu'un des membres manipule les autres ou ait de l'ascendant sur eux. Il arrive parfois aussi que certains membres ne collaborent pas, arrivent en retard, ne contribuent pas au matériel utilisé ou parasitent tout simplement le reste du groupe. Et lorsqu'on travaille en groupe, il faut sans cesse tenir compte de l'horaire de chacun pour planifier les réunions et les rituels. Il pourrait aussi y avoir de la discorde à propos des déités avec lesquelles vous aimeriez travailler, de la technique utilisée pour tracer le cercle ou de la couleur du vin à employer (rouge ou blanc). La liste est infinie.

Il n'est pas facile de décider de travailler en groupe ou de voler de ses propres ailes. Mais n'oubliez pas que rien ne vous empêche de changer d'avis en chemin. Vous pouvez vous joindre à un groupe et décider plus tard de le quitter, ou encore travailler en solitaire et vous joindre à un groupe plus tard. Beaucoup de wiccans passent d'une pratique au sein d'un groupe à une pratique solitaire, et vice-versa, en fonction de leur horaire, de la proximité du groupe et de leur progression spirituelle. Aucune de ces deux possibilités n'est vraiment supérieure à l'autre.

JE NE SOUHAITE PAS PRATIQUER LA WICCA EN SOLITAIRE. QUE PUIS-JE FAIRE?

Pratiquer la Wicca avec un ami ou former son propre groupe

Une des façons les plus simples d'étudier la Wicca en compagnie d'autres personnes est de former un petit groupe avec un ou deux de vos amis qui s'y intéressent aussi. Si vous commencez à explorer la Wicca avec eux, il y a de fortes chances pour que vous vous sentiez à l'aise. De plus, ce petit groupe créera une ambiance sécuritaire pour explorer la Wicca. Il vous faudra peut-être accorder beaucoup d'énergie à la création de votre propre groupe. Par contre, ce sera beaucoup plus facile si vous vous en tenez à seulement quelques membres. Ainsi, vous pourrez répartir les tâches de planification, de rédaction et de recherche d'accessoires. Après un certain temps, si votre petit groupe fonctionne bien, vous aurez peut-être envie d'accueillir de nouveaux membres. Il pourrait ainsi prendre de l'ampleur et même devenir un cercle. Il n'y a pas de règles concernant le nombre minimal ou maximal de membres pour former un cercle, mais je sais que beaucoup de wiccans estiment qu'il doit être formé d'au moins trois personnes. Par ailleurs, il serait un peu ridicule de parler d'un cercle si celui-ci n'était formé que d'une seule personne.

Faire partie d'un cercle ou d'un groupe établi

Vous pourriez aussi chercher un cercle déjà existant et demander à en faire partie. Cependant, il est possible que vous n'en trouviez pas dans votre région. Chaque cercle a ses propres règles en ce qui concerne l'admission de nouveaux membres et le moment de l'année où ceux-ci sont acceptés. Certains groupes ne prendront de nouveaux étudiants qu'en début d'année. Dans d'autres groupes, les portes sont grandes ouvertes et chacun peut se joindre au groupe ou le quitter comme il l'entend. D'autres encore demandent aux nouveaux de remplir un formulaire, ainsi que de participer à une ou plusieurs rencontres avec l'ensemble du groupe pour voir si les gens ont des affinités et se sentent à l'aise ensemble. Dans beaucoup de cercles, les membres passent au vote avant d'admettre un nouveau membre. Cette mesure vise encore une fois à s'assurer que tout le monde est à l'aise avec le nouveau venu. Rien n'oblige les membres à vous accepter dans leur groupe s'ils n'en ont pas envie. Permettez-moi de vous faire une mise en garde : si un groupe n'applique pas sa politique d'adhésion avec rigueur, vous pourriez ne pas vous sentir à l'aise dans ce groupe. Je sais d'expérience que beaucoup de nouveaux wiccans ont besoin de se sentir « en sécurité » pendant qu'ils se familiarisent avec les rouages d'un nouveau groupe. Or, s'il y a trop de va-et-vient au sein du groupe, vous pourriez avoir du mal à trouver la stabilité dont vous avez besoin. De plus, si la politique d'adhésion est trop permissive, le groupe risque d'être désorganisé et il se pourrait même qu'il ne dispose d'aucun code de conduite. Selon le groupe, cette situation peut aussi bien amener les membres à vivre des expériences très libres et inspirantes que des expériences marquées par la frustration et le manque de respect.

Assister à des rituels publics

Beaucoup de villes comptent au moins un groupe de wiccans qui organise des rituels publics. Si vous habitez en milieu rural, vous aurez par contre plus de difficulté à trouver ce genre d'événements. On remarque néanmoins une augmentation du nombre de groupes organisant des rituels publics en zone rurale, aux États-Unis.

L'avantage d'un rituel public, c'est que le cercle n'est presque jamais le même et qu'une autre personne s'est chargée de planifier et d'organiser l'événement, si bien que vous n'avez plus qu'à y assister, à l'apprécier et à apprendre. C'est une très bonne façon de rencontrer des wiccans qui habitent près de chez vous, et même d'y rencontrer les membres d'un cercle dont vous aimeriez faire partie. (Bien que les cercles tiennent leurs propres rituels privés, il arrive que leurs membres se joignent à des rituels publics pour socialiser, pour trouver d'éventuels nouveaux membres ou des étudiants, ou tout simplement pour expérimenter une autre façon de faire.) L'inconvénient, avec les rituels publics, c'est que, de façon générale, la pratique religieuse du wiccan ne peut pas se limiter à eux seuls. De plus, comme les groupes qui organisent ces rituels le font davantage pour offrir un service à la communauté que pour lancer un mouvement religieux, les rituels manquent parfois de continuité. Par ailleurs, comme les rituels sont ouverts à tous, vous n'aurez aucun contrôle sur les personnes qui participeront ou pas à l'événement. Il se pourrait aussi que vous ayez du mal à vous détendre et à vous abandonner au rituel si vous êtes entouré d'inconnus.

Étudier avec un professeur

Si vous trouvez un professeur, vous trouverez probablement aussi un cercle, mais pas forcément, puisque ce ne sont pas tous les professeurs qui en dirigent un. Certains cercles sont des « cercles d'études », qui permettent aux étudiants de s'y joindre lorsqu'ils auront étudié avec un professeur assez longtemps. Certains professeurs ne prennent qu'un seul étudiant à la fois, tandis que d'autres enseignent à de petits groupes. Dans ce cas-ci, une fois la formation terminée, l'étudiant poursuit sa route seul au lieu d'être admis dans un cercle.

Que vous étudiiez avec un professeur, en privé, en groupe ou au sein d'un cercle d'études, on vous demandera probablement de faire certaines choses : lire certains livres, tenir un journal de vos expériences ou en faire le compte rendu, faire des exercices avec l'énergie, étudier la mythologie et les dieux, et en apprendre davantage sur l'éthique, la magie et la mise au point et la tenue d'un rituel. Vous pourriez avoir un ou plusieurs examens à passer ou non. Tout comme pour n'importe quelle autre discipline, certains professeurs interviennent peu auprès des étudiants, tandis que d'autres s'intéressent de près à leur cheminement. Certains professeurs souhaiteront vous rencontrer sur une base régulière, d'autres pas. Certains vous laisseront progresser à votre propre rythme tandis que d'autres suivront un programme précis.

Suivre des cours de Wicca

Il est très différent de suivre des cours de Wicca que de travailler avec un professeur. Les cours sont généralement ouverts à tous et ils se déroulent dans un lieu public, comme une librairie. S'il y a une librairie ésotérique près de chez vous, vous pourriez y aller et demander si on y donne des cours ou si on pourrait vous indiquer une personne qui en donne. Souvent, les cours de Wicca offerts dans les commerces sont informels et la qualité de l'information peut être bonne ou médiocre. Cela dit, même si le cours n'est pas très intéressant, le fait d'y assister peut vous aider à mieux connaître les ressources offertes dans votre communauté. Les cours de Wicca sont généralement peu coûteux ou gratuits. Comme beaucoup de traditions wiccanes considèrent qu'il n'est pas convenable de demander de l'argent pour transmettre cet art, il y a de fortes chances pour que le professeur offre son cours gratuitement ou qu'il demande un montant minime pour couvrir les frais de location du local.

Faire partie d'une association d'étudiants wiccans

Si vous êtes étudiant, vérifiez s'il existe une association d'étudiants wiccans sur le campus de votre établissement. En faisant partie de cette association, vous aurez l'occasion de rencontrer des personnes qui partagent vos champs d'intérêt, de pratiquer la Wicca avec eux et d'apprendre en leur compagnie. Si une telle association n'existe pas, vous pourriez en créer une. Assurez-vous cependant de le faire en toute connaissance de cause. Créer une association demande beaucoup d'efforts — des efforts qui s'avéreront payants, soit, mais qui exigeront beaucoup de votre temps. Il y a plusieurs années, j'ai créé une telle association dans mon université avec une de mes amies. Le groupe se réunissait toutes les deux semaines et nous recevions souvent des conférenciers provenant de divers groupes wiccans et païens des environs. Ce qui était formidable, c'était que pour offrir ce service, mon amie et moi rencontrions des wiccans très influents dans la région pour leur faire passer une « entrevue » et déterminer ceux qui nous intéressaient le plus et dont nous avions le plus à apprendre. Nous avons aussi acquis beaucoup d'expérience dans la tenue de rituels étant donné que c'était nous qui faisions la majorité du travail. Mais vous devez savoir que si vous décidez d'aller de l'avant pour créer une association wiccane sur votre campus, vous serez automatiquement associé à la Wicca , et ce, peu importe la taille de votre établissement. À l'époque où mon amie et moi dirigions notre association, nous étions pointées du doigt par les membres des associations étudiantes religieuses fondamentalistes, ce qui était parfois très difficile à supporter. Mais si vous avez la couenne dure et que vous n'êtes pas seul, je peux vous assurer que créer sa propre association étudiante en vaut vraiment le coup.

Faire partie d'un cercle en ligne ou d'une liste de diffusion

Si vous n'avez trouvé aucun groupe qui vous convient par les moyens conventionnels que je vous ai donnés jusqu'ici, vous pourriez penser à faire partie d'un cercle en ligne. Bien qu'un tel cercle ne vous permette pas de pratiquer la Wicca avec d'autres wiccans ni de recevoir une formation en personne, il s'agit néanmoins d'une bonne façon de trouver soutien et ressources.

Les listes de diffusion électroniques peuvent elles aussi constituer une mine de renseignements intéressants. Vous pouvez adhérer à une telle liste en allant sur le site de Yahoo Groupes ou en utilisant un service similaire. Le site Web *The Witches' Voice* (www.witchvox.com) propose lui aussi un grand nombre de liens vers des listes de diffusion. Les listes de diffusion permettent de faire du réseautage, de poser des questions, de comparer les pratiques, de savoir où trouver vos outils, et plus encore. Mais n'oubliez pas que, comme tout ce qu'on trouve sur Internet, les renseignements qui y circulent peuvent être formidables comme ils peuvent être erronés, faux ou stupides. Exercez toujours votre jugement.

COMMENT TROUVER UN GROUPE ?

Naviguez sur Internet

L'endroit où vous habitez déterminera si vous réussirez à trouver un groupe ou non. Le site Web *The Witches' Voice* est une bonne ressource pour trouver des groupes. Une grande partie de ce site sert à répertorier les groupes et les cours qui se donnent partout dans le monde. Vous n'avez qu'à sélectionner votre pays, votre province ou votre état pour trouver les activités qui se déroulent dans votre ville ou près d'elle. Vous pouvez aussi taper le nom de votre ville et le mot « Wicca » dans un moteur de recherche et voir les résultats qui s'affichent à l'écran. Certains cercles et certains groupes possèdent aussi leur propre site Web. Évitez les groupes qui essaient de vous vendre un livre des ombres à fort prix ou des cours de Wicca en ligne. En général, les groupes qui offrent ce genre de services cherchent avant tout à gagner rapidement de l'argent, et la qualité du matériel que vous recevrez sera décevante, si vous le recevez. Vous pouvez aussi mettre à profit vos listes de diffusion pour tenter d'obtenir de l'information sur les groupes existant dans votre région.

Consultez les publications païennes

Si une publication nouvel âge ou païenne est distribuée dans votre région, il s'agit d'une excellente ressource. Vous pouvez aussi jeter un coup d'œil aux magazines wiccans. Certains magazines offrent un abonnement en ligne, ce qui peut s'avérer utile lorsqu'ils ne sont pas distribués dans les commerces.

Faites du réseautage

Une autre bonne façon de trouver un groupe est de questionner les gens. Les librairies ésotériques sont un très bon endroit pour poser des questions. Vous pouvez aussi questionner vos amis, cette femme dans l'autobus qui porte un pentagramme ou encore cet homme qui lit un livre sur la mythologie grecque, dans un café. La dernière fois que je suis allée dans un café, j'ai remarqué une femme qui interprétait la carte du ciel d'une autre personne à l'aide de son ordinateur portable. Si je me fie à son imposante collection d'anneaux en argent ornés de symboles magiques, je crois pouvoir affirmer qu'elle était une wiccane.

Pourquoi ne pas aussi jeter un coup d'œil aux babillards qui se trouvent dans les coopératives, les magasins d'aliments biologiques, les herboristeries, les établissements scolaires, les cafés, les foires artisanales, les boutiques de cristaux et de pierres ou les studios de yoga ? Si, dans votre ville, il y a un bar gothique, une foire médiévale, un festival irlandais, un pub irlandais, des cours de danse du ventre, des cercles de tambours, un festival de films fantastiques ou un groupe qui étudie le Moyen-Âge dans le but d'en faire une reconstitution, je suis presque certaine que vous y trouverez des wiccans et des païens. Ne reculez pas à la vue de canines, de kilts, d'oreilles pointues ou de longues épées fabriquées à la main. Il y a fort à parier que ces gens pourraient vous aider à trouver ce que vous cherchez.

QUE DOIT-ON RECHERCHER DANS UN GROUPE?

Avant d'adhérer à un groupe, essayez d'obtenir des renseignements à son sujet en questionnant les gens, en posant des questions sur une liste de diffusion ou encore en visitant le site Web dudit groupe. Essayez de savoir si ce groupe a une bonne réputation. Il y a de fortes chances qu'on vous rapporte des ragots, mais ne vous laissez pas décourager pour autant. Plutôt que de croire sur parole les rumeurs qui circulent, vérifiez si elles sont avérées. Souvent, elles résultent d'un simple malentendu, bien que la communauté wiccane ne soit pas à l'abri des médisances. À mon avis, il vaut mieux savoir ce qui se raconte sur un groupe et tenter de faire la lumière sur la situation que d'adhérer à un nouveau groupe les yeux fermés.

Voici quelques questions que vous devriez vous poser ou que vous pourriez poser à vos éventuels compagnons.

DEGRÉ DE CONFORT. Un des membres vous met-il mal à l'aise? Entendez-vous une sonnette d'alarme résonner dans votre tête? Avez-vous l'impression que les membres se respectent les uns les autres? Percevez-vous des tensions au sein du groupe? Posez des questions et prenez le temps de mieux connaître les autres membres avant d'entrer dans le groupe.

ÉTHIQUE. Avez-vous l'impression que le groupe utilise une approche positive? Le groupe adhère-t-il au rede wiccan ou à un code d'éthique similaire? Les membres du groupe se dénigrent-ils les uns les autres ou dénigrent-ils les membres d'autres groupes?

PHILOSOPHIE. Leur interprétation de la Wicca concorde-t-elle avec la vôtre?

ATTENTES. Le groupe a-t-il clairement établi ce qui est attendu des membres, et applique-t-il ces règles ? Existe-t-il un code ou des règles concernant le comportement des membres entre eux ? Devrez-vous consacrer un nombre donné d'heures au groupe ? Devrez-vous satisfaire à certaines exigences pour pouvoir adhérer au groupe ? Devrez-vous fournir certains articles, comme des chandelles ou de la nourriture ? Vous faudra-t-il débourser un certain montant pour faire partie du groupe ? Si c'est le cas, ce montant servira-t-il seulement à couvrir le coût du matériel pour les rituels, ou sera-t-il utilisé à d'autres fins ? (Dans ce dernier cas, restez sur vos gardes.)

HORAIRE. L'horaire du groupe vous convient-il ? Certains groupes peuvent prendre beaucoup de votre temps, mieux vaut donc choisir un groupe qui se rencontre de façon plus occasionnelle, surtout si vous êtes étudiant ou si vous avez une famille.

STRUCTURE. La structure du groupe est-elle stricte ou souple ? Qui est la personne responsable ? Comment les décisions sont-elles prises ? Les responsabilités sont-elles réparties entre les membres ? La structure du groupe est-elle démocratique, dictatoriale ou autre ? Cette structure vous convient-elle ?

STYLE. Le style correspond au mélange du degré de confort et de structure. Le groupe pratique-t-il de grands rituels théâtraux ou des rituels sobres ? Est-il davantage axé sur les études, le plaisir, la célébration, les pratiques magiques, les rituels, ou toutes ces réponses à la fois ? Les membres portent-ils des tuniques, des vêtements ordinaires, des tenues rituelles ou rien du tout ? Certains rituels font-ils appel à la sexualité ou au symbolisme sexuel, et si c'est le cas, cela vous convient-il ?

TENDANCE. Le groupe s'identifie-t-il à une tradition, à un contexte culturel ou à un ensemble de dieux en particulier ou puise-t-il au contraire dans diverses sources ? Autrement dit, y pratique-t-on la Wicca traditionnelle ou éclectique ? Si on prétend y suivre une tradition établie, pouvez-vous vérifier si c'est véritablement le cas et si les pratiques en témoignent ?

QUE SIGNIFIENT «WICCA ÉCLECTIQUE» ET «WICCA TRADITIONNELLE» ET QU'EST-CE QUI LES DISTINGUE?

La majorité des pratiques wiccanes peuvent être classées dans l'une ou l'autre de ces deux catégories : éclectique ou traditionnelle. Même si la définition de ces deux termes varie grandement, en gros, les wiccans éclectiques puisent leurs pratiques dans diverses sources, tandis que les wiccans traditionnels utilisent un ensemble de pratiques assez homogènes qui leur ont été transmises par un autre initié. Mais cette règle est un peu arbitraire, puisqu'il arrive parfois que des wiccans traditionnels puisent leurs pratiques dans différentes sources. Néanmoins, même lorsqu'ils puisent dans d'autres traditions, les groupes d'une tradition donnée s'assurent généralement que leurs pratiques conservent une certaine homogénéité. Par exemple, ils travailleront uniquement avec les dieux celtiques ou bien leurs rituels auront toujours la même structure, même s'ils font appel à des éléments variés.

Devrais-je pratiquer la Wicca éclectique ou la Wicca traditionnelle ?

La réponse à cette question, encore une fois, dépendra de vos préférences, de même que des options et des ressources qui s'offrent à vous. Si, par exemple, la structure est un élément crucial pour vous, alors cherchez un groupe de wiccans qui pratiquent une tradition assez structurée. Mais l'ennui, c'est que vous ne trouverez peut-être pas un tel groupe près de chez vous. Évidemment, si vous aviez la possibilité de choisir parmi tous les groupes inimaginables, je vous recommanderais de choisir le groupe qui vous permettra de vous épanouir tout en respectant vos besoins et vos habitudes.

Les wiccans éclectiques jouissent d'une très grande liberté. Ils peuvent décider d'adopter certains éléments d'un rituel appris dans un livre, dans un rituel public, auprès de leurs amis ou sur Internet, tout en écartant les parties du rituel qu'ils n'ont pas envie d'utiliser. Ils peuvent improviser un rituel sur le vif ou en planifier un plus élaboré. Ils peuvent pratiquer la Wicca seuls ou en groupe. Comme ils n'ont de comptes à rendre à personne, leurs rituels peuvent être parfaitement adaptés à leurs besoins. Ils ont la faculté d'apprendre la Wicca par eux-mêmes et de choisir leur propre voie, et ce, même s'ils travaillent avec un groupe. C'est donc quelque chose de puissant.

Toutefois, en apprenant la Wicca tout seul plutôt qu'en comptant sur un autre initié pour vous enseigner une tradition précise et structurée, vous risquez d'omettre certains éléments. Or, il est difficile de savoir ce que vous omettez si vous n'êtes pas rattaché à une personne ou à une structure traditionnelle qui peut vous le signaler. Si vous étudiez une tradition donnée, il y a fort à parier que vous recevrez une formation structurée et cohérente. La plupart des wiccans éclectiques passent aussi à côté d'un des éléments les plus excitants de la Wicca , et de n'importe quelle religion, d'ailleurs : pouvoir se connecter à l'égrégore, c'est-à-dire à l'énergie collective de tous ceux qui ont pratiqué un rituel donné. La répétition d'un rituel au fil du temps fait en sorte que ce dernier accumule une puissance propre. Lorsque vous pratiquez ce rituel à votre tour, vous vous branchez sur cette source d'énergie et vous vous retrouvez ainsi instantanément connecté à toutes les autres personnes de votre tradition qui ont pratiqué ce rituel. Dans les églises catholiques, ce phénomène est facilement observable. Les murs de ces édifices vibrent de l'énergie accumulée par la répétition des mêmes rituels. Mais si vous inventez sans cesse de nouveaux rituels et que vous ne les pratiquez jamais plus d'une fois, vous n'accéderez pas aussi facilement à ce réservoir d'énergie collective.

Donc, il y a deux avantages à la Wicca traditionnelle : une formation structurée et l'accès à l'égrégore. En outre, vous n'aurez pas besoin de composer chacun de vos rituels, ce qui vous permettra de consacrer toute votre énergie à l'expérience. De ce point de vue, la structure devient donc libératrice. Par ailleurs, la répétition de certains éléments peut rapidement vous amener dans un état de conscience rituelle. Comme vous répétez souvent les mêmes rituels, ceux-ci acquièrent peu à peu de nouvelles dimensions de signification, chose qui n'arriverait pas si vous ne les pratiquiez qu'une seule fois. Si vous accomplissez les mêmes rituels pendant plusieurs années, vous percevrez de nouveaux éléments, à un moment donné. L'énergie du cercle est fluide, car tous les éléments et parties du rituel s'agencent parfaitement. De plus, celui qui pratique la Wicca traditionnelle bénéficie non seulement du soutien de son groupe, mais aussi de tous les autres membres de sa tradition dans le monde entier (si la tradition a une envergure internationale). Si vous pratiquez une tradition familiale, vous aurez l'avantage supplémentaire de pouvoir vous connecter à l'énergie de vos ancêtres.

Le défaut de la Wicca traditionnelle, c'est qu'elle laisse peu de place à la spontanéité. Même si elle permet une certaine liberté, il reste que sa structure reste en place. Or, beaucoup de gens qui se tournent vers la Wicca souhaitent justement se libérer de toute structure religieuse. De plus, la Wicca traditionnelle est généralement hiérarchisée, c'est-à-dire que ceux qui maîtrisent davantage la tradition « surpassent » ceux qui la connaissent moins. La Wicca traditionnelle ne pourrait pas fonctionner autrement, car si vous transmettez une tradition à autrui, c'est que vous en savez nécessairement plus que lui ou elle, du moins jusqu'à ce que vous lui ayez transmis tout ce que vous savez. La Wicca traditionnelle comporte aussi beaucoup de règles et elle ne vous permet pas de créer les vôtres. Or, j'ai remarqué que les wiccans n'aiment pas se faire dire quoi faire. C'est une des raisons pour lesquelles la Wicca éclectique est si populaire. La vie de groupe y est aussi pour quelque chose. Bien que l'appartenance à une tradition vous permette de bénéficier du soutien et de l'expérience des autres, elle vous force aussi à jongler avec des conflits idéologiques et personnels au sein de la tradition.

Pour ceux qui s'intéressent de près à la pratique traditionnelle de la Wicca, voici une liste sommaire de certaines traditions wiccanes. La description de ces traditions est loin d'être exhaustive, puisque cela prendrait trop d'espace, mais ces aperçus vous donneront peut-être l'envie d'explorer une ou plusieurs de ces traditions plus en profondeur.

La tradition gardnérienne

La tradition gardnérienne s'inscrit dans la lignée directe de Gerald Gardner, dont j'ai déjà parlé dans ce livre. Il s'agit probablement de la plus vieille tradition wiccane aux États-Unis, à l'exception des traditions populaires et familiales. Cette tradition a quitté l'Angleterre et traversé l'Atlantique vers les années 1960. Axée sur les mystères, il s'agit d'une tradition fortement structurée et hiérarchisée. Elle comporte trois niveaux d'apprentissage. Il s'agit également d'une tradition initiatique, ce qui signifie que pour être un gardnérien, vous devez être « fait » gardnérien par un autre gardnérien, au cours d'une cérémonie bien précise. La tradition gardnérienne possède sa propre lignée, c'est-à-dire qu'elle tient une sorte d'arbre généalogique permettant de savoir qui a initié qui au fil de la tradition. Ses rites et le contenu de son livre des ombres sont tenus secrets et ne peuvent être révélés qu'à des gardnériens. Les gardnériens pratiquent leurs cultes dans la nudité et ils observent les huit sabbats.

La tradition alexandrienne

La tradition alexandrienne s'inscrit dans la continuité des travaux d'Alex Sanders, qui fut initié en tant que sorcier au début des années 1960. Il était aussi magicien cérémoniel, ce qui influa sur certaines des pratiques de cette tradition. La tradition alexandrienne a beaucoup de points en commun avec la tradition gardnérienne. Les alexandriens observent les huit sabbats, ils ont un système hiérarchisé à trois niveaux et ils pratiquent leurs cérémonies vêtus de tuniques ou dans la nudité. Le mouvement alexandrien est aussi une tradition initiatique ayant sa propre lignée et dont le contenu est tenu secret.

La tradition Feri

Cette tradition a été instaurée par Victor et Cora Anderson au début des années 1970. Comme les Anderson avaient fait l'expérience d'une panoplie de pratiques païennes, ils les ont regroupées pour créer une nouvelle tradition. S'inspirant entre autres de la magie appalachienne, la tradition Feri est initiatique et constituée d'un seul niveau. Une partie de son contenu est tenu secret. Ses membres pratiquent à la fois dans un cercle et en solitaire, et ils observent les huit sabbats.

La tradition 1734

La tradition 1734 est née d'une série de lettres rédigées par Robert Cochrane, ancien maître du clan de Tubal Caïn, au Royaume-Uni. Cochrane avait une connaissance approfondie des pratiques populaires de Grande-Bretagne, dont certaines sont décrites dans les lettres qu'il a envoyées à Joseph Wilson, un Américain, durant les années 1960. Mais comme ces lettres ne décrivaient pas une tradition dans son entièreté, les pratiquants de la 1734 ont dû combler les manques à partir de certaines pratiques issues d'autres traditions wiccanes. Cette tradition ne comporte ni lignée, ni livre des ombres, ni initiations. Le nombre « 1734 » ne renvoie pas à une année, mais il s'agit, selon Cochrane, d'un nombre qui « avait du sens pour un sorcier ».

La tradition celtique et le reconstructionnisme celtique

Le reconstructionnisme celtique s'intéresse essentiellement aux déités et aux pratiques originaires d'Irlande, d'Écosse et d'autres pays celtiques. Comme la plupart des pratiques païennes d'origine celtique se sont perdues, les wiccans celtiques étudient l'histoire et la littérature des pays celtiques dans le but de recréer certaines pratiques et de les intégrer à la Wicca . La Wicca celtique est généralement une voie éclectique, mais on observe aussi l'apparition de nouvelles traditions wiccanes celtiques. Les reconstructionnistes celtiques travaillent tous avec les « trois royaumes » — le ciel, la terre et la mer — plutôt qu'avec les quatre éléments. La plupart d'entre eux observent les quatre principaux sabbats, c'est-à-dire Samain, Imbolc, Beltaine et Lammas. Le reconstructionnisme celtique ne comporte cependant aucune structure centrale, aucune lignée ni aucune pratique secrète. Il existe aussi des reconstructionnistes grecs et nordiques, qui font à peu près la même chose dans leurs cultures respectives.

La tradition minoenne

La tradition minoenne a été créée en 1977 et elle repose sur les anciennes civilisations méditerranéennes, plus particulièrement celle de Crète. Elle comporte trois branches distinctes : la sororité minoenne, la fraternité minoenne et le culte de Rhéa, qui est mixte. Il s'agit d'une tradition initiatique d'influence gardnérienne dont le contenu est gardé secret.

La seax Wicca

La seax Wicca a été créée par Raymond Buckland en 1974. Bien qu'on attribue à Buckland l'apparition de la Wicca gardnérienne aux États-Unis, la seax Wicca n'a aucun lien avec la tradition gardnérienne. La seax Wicca s'inspire de traditions variées, plus particulièrement des traditions saxonnes et nordiques. Ses principales déités sont Odin et Freyja. Odin préside la moitié sombre de l'année, de Samain à Beltaine, tandis que Freyja préside sa moitié claire, de Beltaine à Samain. Les cercles seax fonctionnent de façon autonome et démocratique, et leur matériel n'est pas tenu secret. Dans la seax Wicca , le futur wiccan peut s'auto-initier, c'est-à-dire qu'il peut lui-même se déclarer wiccan plutôt qu'être obligatoirement ment « fait » wiccan par quelqu'un d'autre.

L'asatru

Bien que l'asatru ne fasse pas vraiment partie de la Wicca , les deux traditions ont beaucoup de points en commun. J'ai décidé de l'inclure ici en raison de sa grande popularité. L'asatru est une tradition qui repose, entre autres, sur des eddas nordiques. Il s'est établi aux États-Unis en 1973, mais ses origines sont islandaises. Dans cette tradition, les prêtres sont appelés « gothi » et les prêtresses, « gythia ». Les pratiquants de l'asatru travaillent avec les dieux nordiques. Ils n'observent pas nécessairement les huit sabbats, mais beaucoup d'entre eux célèbrent Yule et Ostara. Certains observent aussi une fête appelée les « nuits d'hiver », à l'automne. L'asatru n'est pas une tradition liée par le secret.

La Church of All Worlds

La Church of All Worlds figure parmi les premières Églises néo-païennes qui furent formellement reconnues par l'État américain. Elle a été créée en 1962 par un groupe d'amis qui s'étaient inspirés du roman *En terre étrangère*, de Robert Heinlein. Le rituel central pratiqué par tous les groupes de cette tradition s'appelle le « partage des eaux ». Celui-ci consiste à reconnaître l'aspect divin de chaque personne procédant au partage des eaux. Beaucoup de groupes sont membres de l'Église de tous les mondes, mais les pratiques diffèrent largement d'un groupe à l'autre. On y observe généralement les huit sabbats.

Le Covenant of the Goddess (COG)

Il ne s'agit pas d'une tradition en tant que telle, mais plutôt d'un groupe-cadre américain créé en 1975 pour donner une protection juridique et une attestation ministérielle officielle aux wiccans et aux païens. Le Covenant of the Goddess est constitué de groupes autonomes et de wiccans solitaires. Tous ses membres adhèrent au même code d'éthique.

Le New Reformed Orthodox Order of the Golden Dawn (NROOGD)

Cet ordre a été créé par un étudiant de l'Université de San Francisco dans le cadre d'un de ses cours avant de susciter un engouement et de gagner de l'ampleur. L'ordre possède sa propre liturgie. On y reconnaît un dieu et une triple déesse, et les rituels se pratiquent dans la nudité.

La Central Valley Wicca

La Central Valley Wicca est en fait un groupe de traditions — notamment Kingstone, Silver Crescent, Daoine Coire, Majestic et Assembly of Wicca — qui sont nées dans la région de la vallée centrale de Californie. Bien qu'il y ait des divergences d'opinions sur l'arrivée initiale de la Wicca dans la région, et donc sur l'origine de ces traditions, certains wiccans l'associent à une femme du Royaume-Uni qui se serait installée dans la région au cours des années 1960. Kingstone est probablement la plus importante de ces traditions. Ses pratiques rappellent un peu la tradition gardnérienne. Il s'agit d'une tradition initiatique comportant son propre livre des ombres et des pratiques secrètes. Dans la tradition Kingstone, les wiccans célèbrent les huit sabbats.

La Wicca Blue Star

La Wicca Blue Star a été créée en 1975 par Frank Dufner, mais elle s'est surtout répandue grâce à sa femme, Tzipora, et à son deuxième mari, Kenny Klein, qui étaient des musiciens ambulants. La Blue Star est une tradition hiérarchique qui comporte des pratiques secrètes et qui tire ses origines de la tradition alexandrienne. On y célèbre les huit sabbats.

La Wicca dianique

La Wicca dianique a pris naissance à l'époque du mouvement féministe. En 1976, Zsuzsanna Budapest écrivit un livre intitulé *The Feminist Book of Lights and Shadows*, qui sert de fondement à cette tradition. Le livre a été réédité depuis sous le nom *Holy Book of Women's Mysteries*. Les wiccans dianiques pratiquent la Wicca dans des cercles exclusivement féminins et honorent uniquement l'aspect féminin du divin.

La tradition Reclaiming

La tradition Reclaiming a une forte tendance environnementaliste et activiste, car elle combine politique et spiritualité. Elle a été créée par un collectif de femmes qui, initialement, étudiaient avec Starhawk et Diane Baker, en 1978. Starhawk est l'auteure de *The*

Spiral Dance, un des livres les plus populaires jamais écrits sur la Wicca . Cette tradition n'est pas hiérarchisée et ne comporte aucun système central de croyances. Ses membres doivent toutefois adhérer aux « principes d'unité » du groupe. La prise de décision se fait par consensus.

Alors, quelle voie choisir ? Éclectique ou traditionnelle ? Ce qui est certain, c'est que les wiccans sont privilégiés de pouvoir choisir entre ces deux options, et que la formule qui répondra le mieux à vos besoins sera la meilleure pour vous. Après avoir pratiqué la Wicca éclectique pendant une décennie, j'ai eu envie de combler certaines de mes lacunes en suivant un enseignement formel. Je me suis alors jointe à une tradition et j'ai gravi les échelons, si bien qu'aujourd'hui, j'enseigne cette tradition. La pratique de la Wicca traditionnelle m'a permis de vivre des moments que je n'aurais peut-être jamais vécus autrement. Mais d'un autre côté, je ne serais pas la wiccane que je suis aujourd'hui si je n'avais pas d'abord exploré et expérimenté la Wicca éclectique. Mon cercle figure parmi les plus traditionnels de tous. Mais ma pratique personnelle — les rites que je fais sans mon cercle — est éclectique et n'a rien de traditionnel. Peut-être me direz-vous que je triche, mais aucune règle ne m'empêche de le faire, pourvu que je ne mêle pas mes pratiques éclectiques à mes pratiques traditionnelles. Vous pouvez avoir le beurre et l'argent du beurre, si c'est ce qui répond à votre mission spirituelle et qui vous aide à suivre la voie des dieux.

QUE FAUT-IL RECHERCHER CHEZ UN PROFESSEUR ?

Lorsque vous cherchez un professeur, vous devez vous poser à peu près les mêmes questions que lorsque vous cherchez un groupe, mais vous devez aussi demander des références. Si possible, entretenez-vous avec les étudiants du professeur qui vous intéresse. Essayez d'en savoir plus à son sujet en posant des questions dans la communauté, en gardant cependant à l'esprit que certaines personnes aiment colporter des ragots. Vous pouvez aussi taper son nom dans un moteur de recherche pour voir ce que cela donne. Si le professeur a lui-même un professeur ou un aîné, demandez à lui parler aussi. Certains professeurs pourraient se sentir insultés par une telle requête, mais faites-la quand même, avec respect. Les aînés ne pourront peut-être pas vous en apprendre beaucoup plus si leur tradition les oblige à garder le silence. Et il se pourrait même que le professeur ne puisse pas vous révéler le nom de ses aînés parce que sa tradition l'en empêche. Par contre, vous ne perdez rien à essayer. Comme c'est le cas quand vous recherchez un groupe, ce qui importe le plus, c'est de mentionner au professeur ce que vous cherchez et de lui parler de votre vision. Ainsi, vous pourrez déterminer avec lui s'il est le professeur qu'il vous faut.

Bien que la majorité des professeurs wiccans soient honnêtes, bien intentionnés et dotés d'un bon sens de l'éthique, il arrive parfois que des personnes malintentionnées s'improvisent professeurs de Wicca et offrent une « formation » en échange d'argent ou de rapports sexuels. Il n'est cependant pas rare qu'un professeur demande une contribution monétaire en échange de la formation qu'il donne. Alors, ne dédaignez pas un professeur qui vous plaît pour cette seule raison et n'allez pas croire non plus qu'un professeur qui demande de l'argent pour sa formation est nécessairement un escroc. Cela dit, la somme demandée doit cependant être raisonnable et annoncée d'emblée. Comme je l'ai déjà mentionné, beaucoup de traditions interdisent que de l'argent soit perçu en échange d'une formation. Le professeur possède un savoir qu'il a reçu gracieusement de son professeur et qu'il transmet à son tour à de nouveaux étudiants. Si un professeur insiste pour que vous ayez des rapports sexuels avec lui ou elle en échange de sa formation, déguerpissez au plus vite. Bien que j'aie déjà mentionné que la sexualité ritualisée fait partie intégrante de certaines traditions wiccanes et que la sexualité est sacrée pour les wiccans, la sexualité rituelle n'a absolument rien à voir avec des rapports sexuels consentis en échange d'une formation. Cela sort totalement de l'éthique wiccane.

Puis-je être un vrai wiccan sans avoir de professeur ou sans appartenir à une tradition ?

Faut-il un wiccan pour faire un autre wiccan ? Peut-on devenir un wiccan tout simplement parce qu'on a décidé de l'être ? Autrement dit, faut-il avoir un professeur et suivre une formation officielle pour devenir un wiccan, ou peut-on tout simplement étudier la voie wiccane et s'y consacrer ? Si jamais l'envie vous prend de déclencher une bagarre lors d'un grand rassemblement de wiccans, il vous suffit de lancer un débat sur une de ces questions ! Certains wiccans estiment qu'il faut avoir reçu une formation pour être un vrai wiccan. D'autres préféreraient être brûlés vifs plutôt que de se faire imposer les idées d'autrui quant à la meilleure façon d'apprendre ou de pratiquer la Wicca . D'autres futurs wiccans meurent d'envie de recevoir une formation, mais ne parviennent tout simplement pas à en trouver une près de chez eux. Devrait-on les empêcher de se considérer comme des wiccans seulement parce qu'ils ne trouvent personne pour leur enseigner la voie wiccane ?

En lisant la liste des diverses traditions wiccanes, vous avez peut-être remarqué que plusieurs d'entre elles sont initiatiques, notamment les traditions gardnérienne et alexandrienne, et la tradition Feri. Donc, vous ne pouvez pas déclarer que vous êtes un gardnérien, un alexandrien ou un pratiquant de la Feri sans avoir été « introduit » dans cette tradition par un de ses membres légitimes. (En passant, c'est un immense manque de respect que de prétendre avoir été initié dans une tradition si ce n'est pas le cas. En plus d'être un mensonge, une telle déclaration bafoue les règles de bienséance wiccane.) Néanmoins, il n'est pas absolument nécessaire d'être initié pour être un vrai wiccan. Par ailleurs, vous pouvez tout à fait être un sorcier sans avoir été initié. Il est possible d'adhérer à plusieurs des traditions ou des groupes mentionnés ci-dessus sans initiation. Vous pouvez également exercer votre art en solitaire. Il y a une tonne de gens qui s'autoproclament wiccans ou sorciers et qui pratiquent allègrement leur art sans jamais avoir eu la chance d'être nommés wiccans par un autre wiccan.

Toutefois, vous devez savoir que certains wiccans ne vous consi-déreront jamais comme un wiccan tant que vous n'aurez pas parti-cipé à une forme ou une autre de cérémonie initiatique. Il ne s'agit pas d'une forme d'élitisme ou de snobisme. Il y a de très bonnes raisons de croire qu'une initiation est indispensable. Premièrement, certains wiccans estiment qu'il est impossible d'apprendre tout seul un système complet et cohérent. Comme je l'ai déjà dit, si vous n'avez pas reçu de formation particulière ou si vous ne pratiquez pas la Wicca selon un cadre défini, vous risquez de passer à côté de certains éléments parce que vous ignorerez tout simplement leur existence. Certains wiccans estiment aussi que l'initiation est une étape incontournable étant donné qu'il s'agit d'une tradition du mystère. Une telle tradition du mystère est conçue pour aider le pratiquant à vivre une certaine gamme d'expériences et de révé-lations, et ce, dans un ordre précis. Ce n'est pas quelque chose que vous pouvez accomplir seul. Ma tradition est une tradition du mystère, et je peux vous assurer que je n'aurais jamais eu les révélations que j'ai eues durant mon initiation si je l'avais faite toute seule. (Dans les faits, il m'aurait été impossible de la faire seule, mais supposons aux fins du raisonnement que j'aurais pu le faire.) Cela dit, je crois que si vous explorez le système wiccan vraiment à fond, vous aurez, au fil du temps, vos propres révélations et vos propres expériences mystiques.

Certains wiccans estiment aussi que le nom « wiccan » devrait s'appliquer uniquement aux sorciers pratiquant une tradition qui appartient directement à la lignée de Gerald Gardner. Pourquoi ? Parce que c'est lui qui l'a popularisé et que, pour lui, ce nom renvoyait aux enseignements qu'il avait reçus et non à la sorcellerie en général. Ceux qui adhèrent à cette croyance estiment généralement que tous ceux qui pratiquent une tradition n'ayant aucun lien direct avec Gardner devraient utiliser le mot « sorcier » plutôt que « wiccan ». Aux États-Unis, les traditions associées à Gardner sont appelées « sorcellerie traditionnelle britannique », bien que cette expression ait une tout autre signification au Royaume-Uni. D'autres estiment qu'il est impossible de renverser la tendance et que, dorénavant, ce mot n'est plus associé exclusivement à la sorcellerie traditionnelle britannique. Tout sorcier qui le désire peut donc se déclarer wiccan.

Comme vous pouvez le remarquer, il est assez ardu d'essayer de définir « ce qui fait un wiccan ». Le plus important est donc de vous demander si vous croyez que vous pouvez être un wiccan sans être initié, si vous avez l'impression que ce terme s'applique à vous (après tout, le mot « sorcier » peut faire l'affaire aussi) et si l'opinion des autres wiccans vous importe.

La Wicca est beaucoup de choses à la fois, mais avant tout, il s'agit d'une voie d'actualisation du pouvoir personnel. Il va donc de soi que vous devriez pouvoir vous déclarer wiccan ou créer votre propre cérémonie d'auto-initiation. Vous pouvez faire ce rituel seul, avec des amis ou avec votre cercle. Vous trouverez des suggestions sur la façon de procéder à une auto-initiation dans plusieurs livres sur la Wicca , ainsi que sur Internet. Libre à vous d'utiliser ces rituels ou de créer quelque chose de tout à fait unique. Certains soutiendront que si vous créez votre propre rituel, celui-ci s'avérera aussi puissant et transformateur qu'un rituel inventé par autrui, ou même plus encore, puisqu'il reflète totalement votre désir d'être un wiccan ou un sorcier.

Certains wiccans préfèrent effectuer un rituel d'engagement plutôt qu'un rituel d'auto-initiation. Ainsi, ils peuvent emprunter leur nouvelle voie sans se soucier de la validité de leur initiation. Personne ne pourra remettre en question la force de votre engagement si vous suivez votre voie avec cœur. Après tout, si on oublie l'opinion des autres, les règles, les traditions et tous les apparats de la Wicca , il ne reste plus que les dieux et vous. Or, un rituel d'engagement est une promesse faite à vous-même et aux dieux.

Si vous décidez de procéder à un rituel d'auto-initiation ou d'engagement, sachez que les dieux et votre inconscient vous prendront très au sérieux et qu'ils feront en sorte que votre souhait se matérialise. Votre rituel doit donc être accompli dans le respect. L'initiation ou l'engagement ne sont pas une fin en soi, mais un simple commencement. Alors, étudiez, suivez votre voie et ne cessez jamais d'apprendre. Ne vous fiez pas à un livre unique. Ne jouez pas au wiccan-qui-sait-tout. Et n'oubliez pas qu'on ne devient pas wiccan du jour au lendemain. Que vous effectuiez votre propre auto-initiation ou que vous soyez initié par un autre wiccan, par cette initiation, vous déclarez aux dieux et — plus important encore — à vous-même : « Me voici ! Je vais apprendre à connaître les dieux. Je vais découvrir les mystères. Je vais me consacrer activement et spirituellement à mon épanouissement personnel. » Ainsi, vous commencerez à découvrir et à exercer votre véritable volonté. C'est aussi simple et complexe que ça. Qu'il en soit ainsi.

LECTURES RECOMMANDÉES

NOTE : Il se pourrait que les livres recommandés ci-dessous ne soient pas les plus récemment publiés ni les plus anciens. Il s'agit tout simplement des livres qui figurent dans ma bibliothèque. D'autres éditions pourraient exister. Il se pourrait aussi que certaines de ces éditions soient épuisées. Vous pourriez aller dans une librairie de livres d'occasion ou visiter certains sites Web (notamment AbeBooks. ca ou AbeBooks.fr) pour trouver ce que vous cherchez.

LIVRES D'INTRODUCTION À LA WICCA ET AU PAGANISME

ADLER, Margot. *Drawing Down the Moon,* Boston, Beacon Press, 1979.

BUCKLAND, Raymond. *Buckland's Complete Book of Witchcraft,* St. Paul, MN, Llewellyn Publications, 1993.

COYLE, T. Thorn. *Evolutionary Witchcraft,* New York, Penguin, 2004.

CROWLEY, Vivianne. *Way of Wicca* , London, Thorsons, 1997.

CROWLEY, Vivianne. *Wicca* , London, Thorsons, 1996.

CROWTHER, Patricia. *Lid off the Cauldron*, Somerset, England, Capall Bann, 1998.

CUNNINGHAM, Scott. *La Wicca vivante : La Pratique individualisée*, Montréal, Éditions du Roseau, 2000.

CUNNINGHAM, Scott. *La Wicca : Magie blanche et art de vivre*, Montréal, Éditions du Roseau, 1998.

FARRAR, Janet et Stewart. *Eight Sabbats for Witches*, Custer, WA, Phoenix Publishing, 1981.

FARRAR, Janet et Stewart. *A Witches' Bible : The Complete Witches' Handbook*, Custer, WA, Phoenix Publishing, 1981.

FITCH, Ed. *A Grimoire of Shadows*, St. Paul, MN, Llewellyn Publications, 2001.

GARDNER, Gerald B. *The Meaning of Witchcraft*, Lake Toxaway, NC, Mercury Press, 1999.

GARDNER, Gerald B. *Witchcraft Today*, Lake Toxaway, NC, Mercury Press, 1999.

K., Amber. *Covencraft : Witchcraft for Three or More*, St. Paul, MN, Llewellyn Publications, 1998.

MARTELLO, Leo Louis. *Witchcraft : The Old Religion*, Secaucus, NJ, Citadel Press, 1974.

STARHAWK. *The Spiral Dance*, San Francisco, Harper & Row, 1979.

VALIENTE, Doreen. *An ABC of Witchcraft*, Custer, WA, Phoenix Publishing, 1973.

VALIENTE, Doreen. *Natural Magic*, Custer, WA, Phoenix Publishing, 1975.

VALIENTE, Doreen. *The Rebirth of Witchcraft*, Custer, WA, Phoenix Publishing, 1989.

VALIENTE, Doreen. *Witchcraft for Tomorrow*, Custer, WA, Phoenix Publishing, 1978.

ZIMMERMAN, Denise et Katherine A. GLEASON. *The Complete Idiot's Guide to Wicca and Witchcraft*, Indianapolis, IN, Alpha Books, 2000.

SUJETS CONNEXES À LA WICCA

Animaux familiers

ANDREWS, Ted. *Animal Speak*, St. Paul, MN, Llewellyn Publications, 1993.

SMITH, Penelope. *Parlez aux animaux : Communication télépathique entre espèces*, Genève, Vivez soleil, 1996.

Traditions populaires

EVANS-WENTZ, W.Y. *The Fairy Faith in Celtic Countries*, New York, Citadel Press, 1990.

FRAZER, Sir James. *Le rameau d'or, volumes 1-4*, Paris, Robert Laffont, 1981-1984.

GRAVES, Robert. *The White Goddess*, New York, Farrar, Strauss, and Giroux, 1975.

McNeill, Marian F. *The Silver Bough, Volumes 1–4*, Glasgow, Beith Printing Co., 1990.

La Déesse et le Dieu

Baring, Anne et Jules Cashford. *The Myth of the Goddess : Evolution of an Image*, Londres, Penguin, 1991.

Farrar, Janet et Stewart. *The Witches' Goddess*, Custer, WA, Phoenix Publishing, 1987.

Fitch, Eric L. *In Search of Herne the Hunter*, Somerset, Angleterre, Capall Bann, 1994.

Jackson, Nigel Aldcroft. *Call of the Horned Piper*, Somerset, Angleterre, Capall Bann, 1994.

Jackson, Nigel Aldcroft. *Masks of Misrule*, Somerset, Angleterre, Capall Bann, 1996.

Monaghan, Patricia. *The Book of Goddesses and Heroines*, St. Paul, MN, Llewellyn Publications, 1990.

Monaghan, Patricia. *The Goddess Companion : Daily Meditations on the Feminine Spirit*, St. Paul, MN, Llewellyn Publications, 1999.

Monaghan, Patricia. *The Goddess Path : Myths, Invocations, and Rituals*, St. Paul, MN, Llewellyn Publications, 1999.

Neumann, Erich. *The Great Mother : An Analysis of the Archetype*, Princeton, NJ, Princeton University Press, 1983.

Plantes, encens et huiles

Beyerl, Paul. *A Compendium of Herbal Magick*, Custer, WA, Phoenix Publishing, 1998.

Cech, Richo. *Making Plant Medicine*, Williams, OR, Horizon Herbs, LLC, 2000.

Culpeper, Nicholas. *Herbier de Culpeper*, Montréal, Éditions Mont d'Or, 1980.

Cunningham, Scott. *Encyclopédie des plantes magiques*, Varennes, Éditions AdA inc 2009.

CUNNINGHAM, Scott. *Magical Herbalism*, St. Paul, MN, Llewellyn Publications, 1991.

CUNNINGHAM, Scott. *Le livre complet sur l'encens, les huiles et les infusions*, Varennes, ADA, 2011.

GRIFFIN, Judy. *Mother Nature's Herbal*, St. Paul, MN, Llewellyn Publications, 1997.

WILLIAMS, Jude. *Jude's Herbal Home Remedies*, St. Paul, MN, Llewellyn Publications, 1992.

WYLUNDT. *Wylundt's Book of Incense*, York Beach, ME, Weiser Books, 1996.

Histoire du paganisme, de la sorcellerie et de la Wicca

BAROJA, Julio Caro. *Les sorcières et leur monde*, Paris, Gallimard, 1972.

GUILEY, Rosemary Ellen. *The Encyclopedia of Witches and Witchcraft*, New York, Facts on File, 1989.

GINZBURG, Carlo. *Le sabbat des sorcières*, Paris, Gallimard, 1992.

GINZBURG, Carlo. *Les batailles nocturnes*, Paris, Flammarion, 2010.

HESELTON, Philip. *Gerald Gardner and the Cauldron of Inspiration*, Somerset, Angleterre, Capall Bann, 2003.

HESELTON, Philip. *Wiccan Roots : Gerald Gardner and the Modern Witchcraft Revival*, Somerset, Angleterre, Capall Bann, 2000.

HOLE, Christina. *Witchcraft in England*, New York, Charles Scribner's Sons, 1947.

HUTTON, Ronald. *The Triumph of the Moon : A History of Modern Pagan Witchcraft*, Londres, Oxford University Press, 1999.

JONES, Prudence et Nigel PENNICK. *A History of Pagan Europe*, Londres, Routledge, 1995.

MURRAY, Margaret. *Le dieu des sorcières*, Paris, Denoël, 1957.

MURRAY, Margaret. *The Witch-Cult in Western Europe*, Londres, Oxford University Press, 1922.

ROSS, Anne. *Pagan Celtic Britain*, Chicago, Academy Chicago Publishers, 1967.

Magie et correspondances

BILLS, Rex. *The Rulership Book*, Tempe, AZ, American Federation of Astrologers, 1971.

BONEWITS, Isaac. *Real Magic*, York Beach, ME, Samuel Weiser, 1989.

CROWLEY, Aleister. *Magick in Theory and Practice*, New York, Magickal Childe Publishing, 1990.

DANIELS, Estelle. *Astrologickal Magick*, York Beach, ME, Samuel Weiser, 1995.

DUQUETTE, Lon Milo. *The Chicken Qabalah of Rabbi Lamed Ben Clifford*, York Beach, ME, Samuel Weiser, 2001.

DUQUETTE, Lon Milo. *The Magick of Aleister Crowley : A Handbook of the Rituals of Thelema*, York Beach, ME, Samuel Weiser, 2003.

KRAIG, Donald Michael. *Modern Magick*, St. Paul, MN, Llewellyn Publications, 1993.

SIMMS, Maria Kay. *A Time for Magick*, St. Paul, MN, Llewellyn Publications, 2001.

Traditions du mystère

KERENYI, Carl. *Eleusis : Archetypal Image of Mother and Daughter*, Princeton, NJ, Princeton University Press, 1967.

MEYER, Marvin W. *The Ancient Mysteries : A Sourcebook of Sacred Texts*, Philadelphia, University of Pennsylvania Press, 1987.

STEWART, R. J. *The Underworld Initiation*, Chapel Hill, NC, Mercury Publishing, 1990.

Mythologie

CAMPBELL, Joseph. *Le héros aux mille et un visages*, Escalquens, Oxus, 2010.

CAMPBELL, Joseph. *The Mythic Image*, Princeton, NJ, Princeton University Press, 1974.

CAMPBELL, Joseph. *Des mythes pour se construire*, Escalquens, Oxus, 2011.

CAMPBELL, Joseph. *The Power of Myth*. DVD. Apostrophe S Productions, 1988. Distribué par la suite par Mystic Fire Video.

CAMPBELL, Joseph. *Puissance du mythe*, Paris, J'ai lu, 1991.

CAMPBELL, Joseph. *Les mythes à travers les âges*, Montréal, Le Jour, 1993.

Chamanisme

ELIADE, Mircea. *Le chamanisme et les techniques archaïques de l'extase*, Paris, Payot, 1998.

JOHNSON, Kenneth. *North Star Road*, St. Paul, MN, Llewellyn Publications, 1996.

KALWEIT, Holger. *Dreamtime and Inner Space : The World of the Shaman*, Boston, Shambhala, 1984.

MATTHEWS, Caitlin. *Singing the Soul Back Home : Shamanism in Daily Life*, Shaftsbury, Dorset, Angleterre, Element Books, 1995.

Pierres et cristaux

CUNNINGHAM, Scott. *Cunningham's Encyclopedia of Crystal, Gem, and Metal Magic*, St. Paul, MN, Llewellyn Publications, 1993.

MELODY. *Love Is in the Earth : A Kaleidoscope of Crystals*, Wheat Ridge, CO, Earth-Love Publishing House, 1995.

Inconscient, conscient et pouvoirs parapsychiques

GLASS, Justine. *La sorcellerie, le sixième sens et nous*, Paris, Payot, 1972.

HILLMAN, James. *The Dream and the Underworld*, New York, Harper & Row, 1979.

ROTH, Gabrielle. *La danse des 5 rythmes*, Paris, Courrier du livre, 2009.

SWANN, Ingo. *Everybody's Guide to Natural ESP*, Los Angeles, Jeremy P. Tarcher, Inc., 1991.